BRETTER,
DIE DIE WELT BEDEUTEN

SEGELN, LEIDEN, REISEN
AM RANDE DER SCHWIMMFÄHIGKEIT

Seit Kindesbeinen auf dem Wasser, immer mit dem nötigen Respekt vor den Kräften der Natur und vor der Geschichte des Segelsports, ist das Segeln mit kleinen, traditionellen Holzyachten der bestimmende Faktor im Leben des Autors.

Beinahe 40 Jahre mit kenterbaren Schiffen unterwegs, zum größten Teil auf See, schärften den Blick für die Bedingungen, unter denen ein Segler mit dieser Art von wunderschönen, aber auch verwundbaren, kleinen Yachten sein Hobby ausüben kann.

Herausgekommen ist eine Sammlung durchaus persönlicher, kleiner und doch nicht alltäglicher Begebenheiten.

Jens Peter Burmester

BRETTER, DIE DIE WELT BEDEUTEN

SEGELN, LEIDEN, REISEN
AM RANDE DER SCHWIMMFÄHIGKEIT

BRETTER, DIE DIE WELT BEDEUTEN

© 2016 Jens Peter Burmester

Umschlaggestaltung und Grafik: der Autor

Herstellung und Verlag:

BoD - Books on Demand, Norderstedt

ISBN 978-3-7392-1896-0

INHALT

VORSPIEL

Zögerlich gleitet der Trailer die Betonrampe hinab, alsbald hat das nasse Element den Spiegel angehoben, Schwertkasten, Vorsteven, alles scheint sich vorsichtig zu benetzen, ehe es das ungewohnte Salzwasser an sich heran lässt. Dabei hat diese klavierhölzerne „Piraten"-Jolle schon manche Ostseewelle geteilt, ist halb rund Fünen und die gesamte deutsche Ostseeküste tapfer hinuntergesegelt, war wochenlange Wohnstatt für die begeisterte Besatzung in mehreren sonnigen Sommern, deren nächster nun folgen sollte. Um die zweite Hälfte der Fünenumrundung zu schaffen, war dieses Mal Mommark als Ausgangshafen erkoren worden, und ein Zugvogel war mit von der Partie, wie im vergangenen Jahr.

Von der ersten Etappe bis Fåborg gibt es aber auch rein gar nichts zu berichten, der Kleine Belt zeigte sich friedlich, Fåborg wie immer heimelig, die Stimmung prächtig und die Wetteraussichten eher gemischt.

Das dicke Ende kam früh – schon am zweiten Tag. Westwind schob unsere Jollen nördlich an Bjørnø vorbei, durch die gefürchteten Tonnenpärchen, neben denen die Gebeine eines gestrandeten Fischkutters ihre bleichenden Knochen in die Sonne reckten, und bei zunehmendem Wind wurde angesichts – gehofft – vorübergehender Ungemütlichkeit die Leemole von Korshavn auf Avernakø angesteuert, gerade rechtzeitig, um sich hinter der schützenden Wand vor einem Schauer wegzuducken. Die innersten Liegemöglichkeiten mit wenig Wasser unter den Rümpfen boten immerhin erfreulichen Schutz vor dem sich aufbauenden Schwell, und etliche „richtige" Yachten dienten als willkommene Wellenbrecher für unser leichtes Gehölz. Schade nur, dass der Zugvogel einen klappernden Alumast hatte – die Mädchen werden es entsprechend ungemütlich gehabt haben. Weltrekord jedenfalls im Persenningaufbauen, dann Kaffeekochen, Kuchen und Smørkage aus Fåborg, lecker.

Spiele, Lektüre, Dösen, Lachen, Rätseln, Essen kochen, Abwaschen, Reinschiff, Umbauten, Verbesserungen, Reparaturen mit Bordmitteln, Schlechtwetteralltag. So etwas kann Spaß machen, selbst unter der kniehohen Persenning einer Jolle, auch bei Dauerregen und Kuhsturm, so lange der aber bitte schön oben drüber hinwegpustet. Und die Persenning dicht hält.

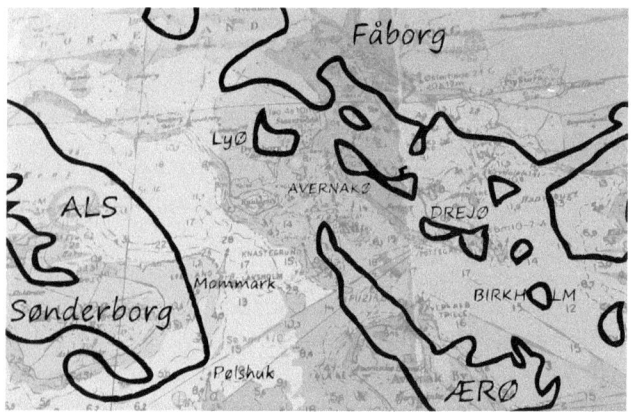

Der zweite Tag genauso. Der dritte, der vierte. Wetterberichte werden zur Horrorstunde, auch lange vor Mitternacht. Draußen kachelt's, drinnen – ja, wenn es denn ein „drinnen" gäbe, ist so langsam alles nass. Handtücher, Kleidung, Schlafsack, Luftmatratze, Brot, Kekse, der Kuchen längst ebenso aufgebraucht wie die gute Laune. Frischwasser geht zur Neige. Hygiene fällt aus, es gibt weder Herzhäuschen noch Polettenautomaten für Duschen, wie gern verflucht diese Dinger, ach, hätte man jetzt doch einen Fünfer für eine Dusche geben dürfen! Es kachelt weiter, blitzt, donnert, hagelt, regnet, stürmt und rüttelt, dass die Stimmung langsam durchsackt. Unseren Nachbarn auf den Kielschiffen mit ihren festen Dächern und elektrischem Licht geht es nicht so rasend viel besser – sie haben kein Wasser unter dem Kiel und stehen im Kraut, die

Masten seitlich zum Steg hin abgestagt, damit es kein Kleinholz gibt, wenn die Riggs Mikado spielen. Dazu Ferienende irgendwo und Panik, weil man zu spät nach hause kommt. Panik bei einem, der schließlich mit Gewalt seinen Kahn aus dem Dreck bekommt, alle packen mit an, was hilft's?

Jeder Fluchtversuch ist zwecklos, für uns wegen der Windstärken, für die anderen mangels Bodenfreiheit.

Spaziergänge kommen in Mode, gut fünf Kilometer entfernt auf der Hauptinsel gibt es einen Kaufmann, der sich über die Umsatzzuwächse freuen kann. Sein Sortiment hält nicht ganz mit, aber es reicht. Der Weg über die Nehrung gegen Wind und Regen ist schon Strafe genug.

Diskussionen keimen auf: Was machen wir nun? Unter Fock ablaufen, irgendwohin, nur „an Land"? Nein, noch ein Tag. Noch drei, insgesamt acht Tage Korshavn ohne So-Zi-Al-Räume, die Folgen äußerlich bald nicht mehr so recht kaschierbar.

Dann kommt eine Tief-Rückseite etwas zögerlicher als die anderen, die Lücken zwischen den Schauern werden länger als gewohnt. Aufbruch, Flucht, oder Aufgabe? Für solche Erlebnisse etwas demotiviert machen wir nach acht Tagen seeklar, seeklarer als sonst noch, gewissenhaft alles stauend und zurrend, lösen wir schließlich die Festmacher und laufen unter Vorsegeln mit Nordnordostkurs auf Fjællebroen zu. Hinter Store Svelmø meint ein Schauer, nach uns greifen zu müssen, aber da haben wir schon den Schutz der hohen Küste. Fjællebroen empfängt uns mit seinen schützenden Molen, die Boote tanzen dennoch in den Boxen Samba. Ganz hinten in der Ecke ist es etwas ruhiger, zu zweit in eine Box, das geht aber auch hier des Schwells wegen nicht.

Vor dem Klubhaus sitzen drei ältere Semester und schauen sich das in Ruhe erst einmal an. Als sie sich von unseren friedlichen Absichten überzeugt und unseren erbarmungswürdigen Zustand erkannt haben, kommt einer von ihnen herüber und gibt uns wortlos einen Schlüssel. Einen richtig zivilisierten Sicherheitsschlüssel. Ich stammele grade eine dänisch versuchte Erklärung von »Eine Woche Korshavn wegen Sturm«, mehr brauche ich nicht zu sagen. »Ihr könnt hier wohnen, kochen, duschen!« Scheint nötig gewesen zu sein…

Kriegsrat. Frust. Abbruch wegen „is nich". Eine Weltreise wartet auf mich: Bus via Svendborg nach Bagenkop, dann Fähre nach Kiel, Zug nach Hamburg, Auto nach Mommark, dann mit Trailer „oben rum" nach Fjællebroen, das erste Schiff aufladen und nach Hamburg karren, dann das zweite nach Ratzeburg. Unnötig zu erwähnen, dass am Samstagmorgen um sechs Uhr zwischen Segeberg und Lübeck der Trailer einen Plattfuß haben musste und ein Ersatzreifen nur ausgesprochen schwierig auf einem Schrottplatz zu beschaffen war. Ich weiß nicht, wie vielen brummigen Reifenhändlern ich diesen Samstagmorgen durch frühes Telefonklingeln verdorben habe.

Das war mein Abschied von der Jollen-Tourensegelei – die Suche hatte begonnen. Es folgten zwei sehr informative „Praktika" in Form einer Woche auf einer 35 Fuß-Charteryacht und einer weiteren Woche per Folkeboot auf der Ostsee, beides bei bestem Jollenwetter – die Welt ist eben nicht gerecht.

Aber ich wusste hinterher: Mein nächstes Schiff musste doch wieder ein Schwertboot sein, aber eines mit festem Dach und fester Koje. So kam ich zum Jollenkreuzer. Meiner INSEL.

PROBESCHLAG

Die Planke biegt sich unter meinen Füßen schon beängstigend, das Knistern ist nicht zu leugnen. Und der Pfahl am Ende ist noch nicht mal halbwegs in greifbarer Nähe. Unter mir im Dunkel gluckst das Schlickloch des Seestermüher Priels, über mir ziehen düstere Schauerwolken über den Nachthimmel, der Wind saust in den Erlen und Weiden, das Schilf rauscht. In der Tiefe ist schemenhaft zu erkennen, wo ich hin will, immerhin geht es um einen Probeschlag mit einem Schiff, das ich nur von einem Foto kenne. Mir waren die Proportionen einer ehedem schönen alten Dame aufgefallen, die mich an die Eleganz eines meinen Schiffsgeschmack wohl lebenslang prägenden, großen Jollenkreuzers vom Ratzeburger See erinnerten. Es waren schon beeindruckende Linien, die die alte C 24 ZEPHYR blitzschnell über die glatten Wasser des Binnensees trug, und nun war die Chance da, für eine überschaubare Summe selbst Eigner einer solchen Schönheit werden zu können.

Aus der Düsternis drang eine Stimme, die mahnte, die Stufen am Pfahl nicht zu verfehlen – danke für den Tipp, dachte ich, und der Freund hinter mir machte mir die vorsichtige Kletterpartie nach. Wie bewegt man sich auf einem unbekannten Deck, wenn man nicht die Hand vor Augen ahnt, weder Schanzleiste noch Reling den leisesten Anhaltspunkt für die Dimensionen begehbaren Untergrundes liefern? Die Erfahrung sagt dem Tastenden, Vorstag – Wanten – Mast und – auf dem Foto war auch ein Handlauf auf der Kajüte zu sehen gewesen, also findet die Hand irgendwie auch das Cockpit und die grüßend gereichte Hand des Schippers. Der ist ein ganz junger Kerl, und er drängt zum Auslaufen, weil nachher das Wasser wieder weg sein wird – Segeln nach der Uhr, ob dunkel oder bei Tageslicht – wir haben Ende Oktober 1985, die „Tagesschau" ist sicher schon vorbei und es bläst kräftig und ziemlich nass aus West die Elbe herauf.

Das Ablegen geschieht motorlos und weitgehend ohne unser Zutun, als wir aus dem Schatten der Bäume heraus sind und sich die Augen an die Umgebung gewöhnt haben, gewinnen Pagensand und das Elbufer schließlich Kontur, aber da segelt der Jollenkreuzer bereits mit brausender Bugwelle und ordentlich Lage, Wende folgt auf Wende, und ein verirrter Blitz aus der nächsten Schauerwolke gestattet sogar einen gewissen Überblick über die Gegebenheiten an Bord. Positionslichter haben wir nicht, und eine irgendwann irgendwo „gefundene" Petroleum-Baustellenlaterne spendet bei der Untersuchung des merklich arbeitenden Rumpfes von innen ein wenig Licht, genug jedenfalls, um zu sehen, dass trotz der vielen gebrochenen Spanten noch Form im Schiff zu sein scheint, und genug Zusammenhalt, um die Kräfte des Riggs bei dem herrschenden Wetter zu verarbeiten.

Von draußen ertönt der Ruf »festhalten!« und der Schipper wendet und halst aus Rumpfgeschwindigkeit mit äußerstem Hartruder um reichlich einen Vollkreis über Backbord auf der Stelle, die Warnung galt in erster Linie den in der Kajüte herumfliegenden Tassen und Bechern aus der Kombüse, die der Fliehkraft folgend den Besichtigern um die Ohren klötern. O.k., das Ruder scheint also auch in Ordnung zu sein, sonst wäre das jetzt rasant abhanden gekommen. Jetzt gerät die Dame dank Raumschotskurs erst richtig in Fahrt und im sauberen Glitsch geht es zurück in Richtung Pinnaumündung, das Hundewetter ist uns auf den Fersen, die Böen jagen nass und hart hinter uns her. Dass das alte Schiff, so offensichtlich leicht gebaut, das alles so gut abkann, flößt uns schließlich so viel Respekt ein, dass ich ernsthaft Vertrauen fasse und mich beeile, über die Finanzierung nachzudenken.

Zielsicher steuert der nunmehrige Nocheigner sein Schiff inzwischen auf eine unscheinbare Baumgruppe zu – woran erkennt der bloß die richtige Lücke? Auch mit nach der Innenbesichtigung wieder an die Dunkelheit gewöhnten Augen sind wir heilfroh, dass da jemand diesen Job schon oft genug gemacht zu haben scheint, viel Zeit bleibt nicht mehr, denn der Priel zeigt bereits viel Schlick und wenig Wasser – man kommt gerade noch an den Pfahl, da liegt der Rumpf schon satt auf und rührt sich nicht mehr.

Als wir dann zusammen in der Kajüte den nächsten Regenguss abwarten, sehen wir erstmals in das sehr junge Gesicht des Voreigners, der uns in einer guten Stunde gezeigt hat, was ein alter Jollenkreuzer nachts im Gewitterschauer auf der spätherbstlichen Elbe zu suchen hatte – viele Jahre später sollte derselbe, wie es scheint, eine ganze Generation von Atlantikseglern auf den Planken seiner „Peter" prägen...

Ich muss nicht mehr betonen, dass ich mit voller Überzeugung diesen Jollenkreuzer allen anderen vorzog und für mehr als 20 Jahre sein begeisterter Eigner blieb. Die viele Arbeit, die investiert werden musste, hat sich immer gelohnt, und unzählige wunderschöne Stunden haben mich immer wieder in dieser Entscheidung bestätigt.

Soll mir doch keiner erzählen, dass man ein Schiff nur im Sommer, nur bei Sonnenschein und nur bei Bft 3 probesegeln kann...!

Herbst 1985: Erstbesichtigung im Seestermüher Priel

13

UNTERSCHIEDE

Jetzt kreuzte ich auf meinem allerersten Urlaubstörn schon seit anderthalb Stunden von Pøls Huk gegen den Westwind auf und hatte mir gerade ausgerechnet, dass ich ungefähr fünf Mal in der Stunde für fünf Minuten mit der Handlenzpumpe in der Bilge für Klarheit sorgen müsste, um ungeschoren nach Sønderborg zu gelangen. Die Gelting-Syd-Fähre war gerade durch und ich zum x-ten Male auf Nordnordwestkurs, als auch der routinierteste und an segelnde Siebe gewöhnte Segler nicht mehr umhin konnte, sich Gedanken über den Fortbestand des Schiffes zu machen: Das Wasser im Schiff stieg und stieg, und man war geneigt, beinahe eine Art Leck zu vermuten.

Eine rascher Blick in die Kajüte und auf seewassergraues Schimmern zwischen zwei Planken in Lee bestätigte die Notwendigkeit, rasch irgendwelche Maßnahmen zu ergreifen: Als erste sollte eine Wende folgen, um die Noch-Leeseite des Freibordes inspizieren zu können. Gedacht – getan (viel reden muss man einhand ja nicht!) und auf dem neuen Bug die Schoten moderat dicht, um bei dem unter der Alsenschen Küste etwas ruhigeren Wasser herauszufinden, was Ursache der Flutung sein könnte. Nach dem das unBootmäßig eingedrungene Wasser entfernt und der Puls des Pumpenbedieners ein wenig beruhigt war, zeigte die Inspektion dann haarsträubende Zustände der jetzt luvseitigen Bordwand: Auf wohl bald zwei Metern Länge hatte sich eine ehedem vielleicht mal eingeleimt gewesene Fugenleiste ihrer ursprünglich geradlinigen Erscheinung erinnert und die ihr zugedachte Fuge verlassen Dafür stach sie nun in Fahrtrichtung stachelgleich hervor und vibrierte lustig im Wind. Ungefähr zehn Zentimeter über dem offiziell vorgesehenen Wasserpass. Das war nun kein Spaß mehr, und mit Ignoranz würde ich hier wohl auch nicht mehr weiterkommen.

Hier darf ich einflechten, dass zumindest dieser Jollenkreuzer ein ungewöhnlich gern schnurgeradeaus segelndes

Fahrzeug war und auch jetzt wie auf Schienen weiterfuhr, ohne dass jemand pausenlos und sensibel die Pinne zu führen hatte. Man konnte beim Einhandsegeln bei festgelaschter Pinne problemlos und ungestört kochen, lesen, Logbuch schreiben und natürlich auch bootsbauliche Arbeiten verrichten. Nun war also letzteres angesagt, und so kroch ich denn bewaffnet mit Hammer, Kupfernägeln und Mut nach vorn auf das Seitendeck, wo ich bäuchlings, bei weitem nicht seelenruhig, aber der Not gehorchend die Fugenleiste wieder in ihre Fuge hinein hämmerte. Sicher ein nettes Bild. Ein paar Nägel noch in die vermuteten Spanten, und schon konnte wieder anständig gesegelt werden. Hoffentlich hat der Leuchtturmpasser von Kegnæs das nicht als *Besonderes Vorkommnis* im Journal vermerkt.

Gegen Abend und mit einigermaßen trockener Bilge fand ich in Sønderborg im Stadthafen nur schwer einen Liegeplatz, bei den Päckchen hingen keine Fender draußen, und schließlich „nötigte" ich die Crew einer piekfeinen Faserverbundwerkstoffketsch, endlich Gnade walten und mich an der drei Mal so hohen Bordwand anlegen zu lassen. Natürlich durfte ich mich nicht an meine eigenen, eher rustikalen Fender legen, es mussten die ledergerahmten Edelkissen des Nachbarn sein. Insgesamt war es den Anwesenden sichtlich unangenehm, mich mit dem kleinen, hölzernen und tatsächlich nicht ebenbürtigen Boot neben sich sehen zu müssen.

Der Abend nahm seinen Lauf, und die Leute auf dem Nachbarschiff entwickelten eine unüberhörbare Aktivität, nachdem die bayrische Luxuslimousine samt Chauffeur des noch gar nicht anwesenden Eigners eine neue RADAR-Anlage antransportiert hatte. Diese sollte nun fachgerecht am Besanmast angebracht werden, was ja immer mit allerlei handwerklichem Umstand verbunden ist, insbesondere dann, wenn man schlecht vorbereitet daran geht. Ein Crewmensch hing also im gepolsterten Bootsmannsstuhl im Besantopp und dirigierte die vorgeheißte RADAR-Kiste in die Nähe der Endposition, aber für die eigentliche Befestigung vor Ort war wohl keine allzu gute Beschreibung mitgeliefert. Ich las unterdessen im Cockpit irgendein nettes Buch und freute mich des bebilderten Hörspiels, das mir nebenan so exklusiv geboten wurde. Das Getobe und Getöse, die fachlich guten Ratschläge der Umstehenden, die zunehmende Aufmerksamkeit, ja Häme der Schiffegucker auf dem Steg nahmen eher zu als ab, und die Diskussionen über zehn Meter Höhenunterschied hinweg waren auch nicht von Kompetenz geprägt, alles in allem keine Vorlage für's Lehrbuch.

Es stellte sich nämlich heraus, dass die YACHT, alles andere an diesem Abend in Sønderborg waren vielleicht Boote oder Schiffe, diese YACHT also kein eigenes Werkzeug besaß, abgesehen von dem, was sich unter dem Kofferraumdeckel der besagten bayrischen Edelkarosse als ärmliches Notpaket befand: Eine Wasserpumpenzange, ein kombinierter 10er/13er, ein Wechsel-Schraubendreher für Kreuz und Schlitz, gekrönt von einem Warndreieck – also alles im Grunde nützliche Dinge, die in zehn Metern Höhe beim Anbau einer Radaranlage an einen Aluminium-Besanmast nur bedingt weiterhelfen.

Inzwischen hatte sich der Chauffeur des Eigners mit dem Luxusgefährt auf den Weg zum nahen Flugplatz gemacht, um den Chef abzuholen. Kurz, Eile war geboten.

Ich öffnete meine Backskiste, entnahm ihr meines Groß-vaters alte, hellbraun-lederne Hauptschulkonrektorstasche, klappte sie auf und fragte so beiläufig wie möglich, was man denn so benötige. Eine Werkzeugkiste förderte Weiteres zutage, das Cockpit quoll von gut gebrauchtem Qualitätswerkzeug über. Die Stielaugen der Nachbar-besatzung waren beinahe schmerzhaft spürbar, und binnen der nächsten halben Stunde wurden in den Besanmast Löcher gebohrt – von Hand natürlich, Gewinde geschnitten, Schellen gebogen und was noch alles wie auf einer mittleren Werft, alles streng nach GL oder BV oder was auch immer zertifiziert, dass es eine helle Freude war.

Na gut, jedenfalls alles gerade noch vor Eintreffen des frisch eingeflogenen Eigners, allerdings nicht ganz ohne Pointe. Ich erbte immerhin eine gute Flasche Wein „zum Anbieten" und den unbequem großen Liegeplatz am Gebälk der Pier, denn die Yacht lief sofort aus, ob sowieso oder wegen der Peinlichkeit – keiner weiß das.

Ein paar Tage später segelte ich bei dramatisch schlechter werdender Sicht aus der Flensburger Förde hinaus, und angesichts des Nebels hielt ich mich im durch die geringe Wassertiefe geschützten Bereich innerhalb der 2m-Linie und eben in Sichtweite der Küste von Broager, was mit so einer Jolle ja kein Problem ist. Mir folgte unter Maschine eine große Segelyacht mit eineinhalb Masten und einem großen…
Ich erkannte den Radarkasten am Besan auch auf Entfernung sofort wieder.

Ich segelte also über dem Flach still vor mich hin, als hinter mir ein lautes, vielstimmiges, und aus nicht druckreifen Formulierungen bestehendes Fluchen erscholl und die YACHT bald darauf im dichter gewordenen Nebel zurückblieb.

Sicherlich hätten sie jetzt aber doch immerhin ihr Warndreieck aufstellen können.

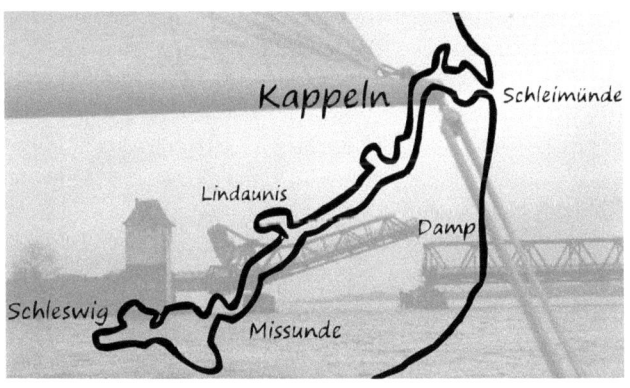

KIELOBEN

»Wer schnarcht denn hier in MEINER Szene?!«, keift die Gattin des Intendanten. »Dat gibbet doch ni'...« kommt es von links, und grob »Saach ma – besse beklopp?!« Weinerlich im Wiener Dialekt gesungen: »Mein Gott, ko donn die Requäsit'n nicht oan einziges Mal den Brief so gfolt'n hom, dass sich dees ousgäät und wir diese Szene endlich einmal zu Ende bringän kännan? Das kann doch nicht sooo schwer sein? Seit Wochen prob'm mir dees nun Dog und Nacht – und wo es auf der Probebühne mit diesen Praktikanten endlich klappt... Was ist denn nun schon wieder los? Was brummt denn da oben? Ich kann so nicht arbeiten – ich reise ab!!« Der Regisseur tobt in Richtung Intendanz oder gleich Flughafen und stolpert aus der Reihe acht. »Arbeitslicht! Hannes – Ar - - beits - - licht!«, ruft jemand, der sich auskennt, und »Herr Diethelm zur Vorbühne bitte, Herr Diethelm..!«, versucht sich der Inspizient mit seiner beruhigend näselnden Stimme im Lautsprecher einzumischen, »Esch! han! kee! Zick!!«* brüllt es von der Seite und »Jloobste dett?« lästert es hinter mir – es ist der Teufel los, und alle deutschähnlichen Mundarten wetteifern um die beste Ausgangsposition für den Showdown am Staatstheater. Wochenlang quälte mich schon das schlechte Gewissen, immer und immer nur Arbeitarbeitarbeit in diesem Irrenhaus bei den Brettern, die angeblich die Welt bedeuten, und das mehr als 600 km von den Planken, die die Welt tatsächlich bedeuten, entfernt. Die Nächte durch.

Währenddessen brannte die Sonne unbarmherzig auf die Steuerbordseite meiner Neuerwerbung des letzten Herbstes, meiner INSEL, und die Beplankung übte sich in Glasnost (Glasnost war 1986 sehr „in"), wo wir Segler sie eigentlich nicht brauchen können, nämlich in der Form von Planken-fugen über Wasser in Weiten, durch die man sicher auch

---

*: »Esch han kee Zick!« heißt auf gut Rheinisch: Ich habe keine Zeit!

die „Prawda" hätte lesen können. Nun war ich schon die ganze Strecke vom Rheinland an die Schlei in meinem alten Käfer gefahren, und so wollte ich auch eines der raren Wochenenden, die die Saison noch bieten würde, in der beabsichtigten Weise genießen. Also ging es gleich los, von Schleswig aus ostwärts nach Missunde, schön im Abendlicht, herrlich einhand und mit musikalisch-rrrramontischer Quetschkommodenunterstützung platt vorm Laken. So sollte Segeln sein, erst recht, wenn es so selten SEIN durfte.

Missunde bot eine Box feil, seglerisch angereichert mit nächtlichem Einlaufen mit Strom quer zur Pfahlreihe, aber der Jollenkreuzer bietet ja die Möglichkeit, das Schwert ganz hochzunehmen, und schon treibt der Strom unterm Schiff hindurch. Also ganz entspannt, die Leinen fest, das Segel aufgetucht, die Suppe gewärmt, und die Nacht kann kommen.

Am Morgen pustet es, dass sich das Seil der Missunder Fähre gar nicht richtig auf den Grund legen will. Ich aber muss zurück nach Schleswig über die Große Breite, ein Leckerbissen für jemanden, der in völlig abgedunkelten Theaterprobensälen von nichts anderem geträumt hat, als mal wieder so richtig schön gegenan zu bolzen. Los geht's.

Die Kajüte aufgeklart, das Groß sechssieben Ringe bis zur oberen Saling weggerefft, die kleinste, mäusezahngeschwächte Fock aus offenkundig leckerem Mako gesetzt, zeigt die alte Dame endlich wieder einmal, dass sie segeln kann. Die kurze Hacksee, die vor der Nehrung zur Großen Breite steht, lässt kein Auge trocken, alles, was lose gestaut ist, findet mit Newtons und Rasmus Hilfe seine ideale Packlage von allein.

Andere, sicher trockene, im Handauflegeverfahren erzeugte Großraumschuten mit komfortablerer Stehhöhe bleiben zurück, als es richtig losgeht, wieder andere bemühen ihre Ottos und Diesels, weil es ja sonst wohlmöglich ungemütlich geworden wäre. Na, da richten wir mal nicht drüber nach so langer Zeit.

Das einzige, was mir ein wenig Kopfzerbrechen bereitet, ist ein steigender Pegel. Nicht, dass die Schlei bei Westwind plötzlich vollliefe, nein, es ist eher wieder mal ein Zeichen für eine zu gering veranschlagte Pumpenkapazität anderthalb Meter schräg vorn unter mir. Das mit der Prawda hätte mir zu denken geben sollen, aber den russischen Wetterbericht hätte ich, auch durch die Plankenfugen lesend, ja nicht verstanden. Also bleibt nur, die Schothand den herrschenden Böen zum Trotz mehr zum Pumpen zu nutzen, als nur zum Fieren und Dichtholen der Großschot. Auch mit zwei Pumpen und zusammen 4000 Litern pro Stunde Förderleistung gelingt es nicht, das Schiff einigermaßen lenz zu halten, viel mehr sorgt der langsam aber sicher tiefer liegende Rumpf für immer mehr Plankenfugenmeter, die dauerhaft unter Wasser kommen.

Vertrackt.

Und das einhand. Bei dem Wetter. Als das Bilgenwasser längst nicht mehr nur BILGENwasser ist, sondern eher ein tosender Nebenarm der Schlei, kommt die unvermeidliche Sherry-Buddel mit nach unten hängendem Hals kieloben aus der Kombüse ins Cockpit getrieben, über das außerordentlich massive Kajütschott hinweg – ein Bild, das man so schnell nicht verdrängt. Die INSEL hat wohl noch eine gute Handbreit Freibordhöhe, liegt mittlerweile auch etwas träge auf dem Ruder und segelt auch nicht mehr ganz so souverän die Böen aus.

Zum Glück ist die Große Breite nur groß und breit, aber nicht unendlich. Vor der Stexwiger Enge – auch so eine Klippe, die bei diesem Wetter Spaß macht – stand ein dicker, wenngleich etwas maroder Dalben mit einem grünen Kegel drauf als festes Seezeichen, und man möge mir bitte glauben, dass ich prinzipiell weiß, dass Seezeichen als Festmachegelegenheit absolut "pfui" sind. Aber ich musste mich entscheiden zwischen GUTER Seemannschaft und zukunftsgewandter Seemannschaft, und dazu gehört ja schließlich auch die Rettung des eigenen Schiffes aus Gefahr. Besonders aus der des Sinkens.

Also fuhr ich mit meinem tonnenschweren Schleiwasser-
tanker einen schönen, kilometerlangen Aufschießer, belegte
die Vorleine an ebendiesem Dalben und hatte für eine
Stunde einen neuen Job: Pützenpützenpützen...

Nach dieser Aktion segelte die Dame – nun eilig wieder
fast dicht gequollen – trockenen und hocherhobenen
Rumpfes stolz nach Schleswig ein – aber innen? Das
Grauen. Alles durch, einschließlich der Quetschkommode.
Fragen Sie mich bitte nicht, auf welchen Polstern ich die
nächste Nacht verbracht habe...

Chaotische Kajüte nach der Zwangswässerung

Im folgenden Winter leistete ich mir, den Rumpf Plankenfuge für Plankenfuge aufzusägen und zu fräsen, um ihn
auszuleisten und zu verleimen. Und der war daraufhin für
viele Jahre schön dicht – bei Krängung eigentlich sogar,
ehrlich gesagt, am dichtesten!

HERKUNFT

Der Zwanziger-Jollenkreuzer LILLE Ø, auf deutsch KLEINE INSEL, tauchte für mich aus dem Nichts auf – nur ein Foto zunächst an einer Hafenpinnwand, überlagert von dem irritierenden Gefühl, die mich seinerzeit begleitende junge und durchaus attraktive Seglerin mit dem überraschenden Entschluss beeindrucken zu können, gerade *jetzt* und in *ihrer* Begleitung DAS Schiff gefunden zu haben. Dann war da eine Ahnung von Richtigkeit, der die nötigen Besichtigungen folgten – aber genaue Auskünfte über die Geschichte der INSEL sollten erst viel später folgen. Die Art, wie sie sich so langsam einschlich ins Leben des neuen Eigners, war durchaus damenhaft – verriet zunächst nicht zu viel, wahrte ihre Geheimnisse. Mit der Zeit änderte sich dieser Zustand, will man doch schließlich wissen, mit wem man quasi zusammenlebt und, schlimmer noch, wem man seine Zukunft auf dem Wasser anvertraut!

Vielleicht hätte es den einen oder anderen aufhorchen lassen, dass über die Vergangenheit dieses kleinen Schiffes immer wieder Dinge zutage traten, die eher als Vorlage für eine Segler begeisternde Vorabendserie getaugt hätten. Manch einer wäre vielleicht so ins Grübeln gekommen, denn die Geschichten konnten unmöglich alle ein einziges Boot betreffen. Ich will Sie hier nun nicht mit allen Einzelheiten bekannt machen, denn sonst müsste ich die Erzählungen wohlmöglich auch mit Werbespots unterbrechen, wie es im Vorabendprogramm üblich ist. Aber ein paar Kleinigkeiten sind dennoch wohl berichtenswert.

Es stellte sich im Laufe des nähern Kennenlernens heraus, dass die als BRISE III 1937 in Hamburg-Finkenwerder gebaute INSEL wohl mindestens eine schwerwiegende Kollision überstanden haben musste. An der Backbordseite waren Planken ausgetauscht worden, und auch der Schergang, das ist die oberste Planke der Außenhaut, war an dieser Stelle gebrochen. Selbst der Ungeübte erkannte die Spuren der Geschichte bei dem naturlackierten Rumpf schon von fern an der Farbgebung des Holzes, jedenfalls nach der ersten Neulackierung. Eiche, daraus war das gesamte Schiff ursprünglich fast vollständig, leuchtet nun einmal sehr schön honigfarben in der Sonne, da fiel die kurze, dunkelrote Mahagoniplanke über der Kimm dann doch ziemlich ins Auge! Das hatte zwei Gründe:

Dieses Foto hing 1985 am Schwarzen Brett und „zündete"

Erst einmal konnte man annehmen, dass Holz für Bootsbauzwecke in schlechten Zeiten, und davon hat auch dieses Schiff genug erlebt, schwer zu beschaffen gewesen war, und da hat sicher nicht jeder auf solche Details Wert gelegt. Das wurde wiederum als Indiz dafür genommen, dass sich die Kollision wahrscheinlich in der "schlechten Zeit" nach dem Krieg ereignet haben könnte. Sehr wahrscheinlich hat aber ohnehin niemand den Unterschied in der Holzart überhaupt bemerkt, denn zweitens konnten wir beim Schleifen des Schergangs anhand der Lackschichten in der tiefer ausgehobelten Göhl auszählen, dass die INSEL mindestens elf Überholungsperioden lang weiß lackiert gewesen war. Das wird man vermutlich irgendwann einmal so gemacht haben, weil die Eiche der Außenhaut mit damaligen Mitteln nur schwer ansehnlich zu halten gewesen war. Die frühen Klarlacke wurden ja schnell spröde, und die dadurch entstehenden dunklen Stellen im Holz um die Nieten herum werden dazu verführt haben, den nachlassenden Pflegezustand des Schiffes hinter einer weißen Farbschicht zu verstecken. Mein jugendlicher Voreigner hatte die weiße Farbe schließlich endgültig beseitigt, und es darf unterstellt werden, dass die Dame bei diesem Peeling reichlich Material eingebüßt hat.

Überhaupt muss ich sagen, dass es in den gut zwanzig Jahren unserer "Beziehung" ziemlich viele "Ehemalige" auftauchten, die das eine oder andere erzählten. Irgendwie hat die INSEL es aber immer wieder hingekriegt, das Rad herum zu reißen, und sie kam wieder in Hände, die etwas gut machen wollten. Sie traf da mal auf einen Tischler, der ihr ein neues Kajütdach verpasste, ein anderer beschwerte das Leinendeck mit einer dicken Plastikschicht, ohne es dicht zu bekommen, ein dritter legte darauf ein schweres und ebenfalls undichtes Kambala-Stabdeck – die INSEL wurde zur Tropfsteinhöhle!

Eine nicht mehr ganz jugendliche Hafenkassiererin in Schleswig erzählte, dass die INSEL noch als BRISE III dort viele Jahre erfolgreich die Vereinswettfahrten dominiert habe. Das war in den späten Vierzigern und ganz frühen Fünfzigern, als die BRISE III ihren ersten Karriereknick bereits hinter sich hatte.

Dazu hatten ihr die britischen Besatzungssegler verholfen, nachdem sie im Krieg von Altona-Oevelgönne nach Schleswig versegelt worden war, um den Bomben zu entgehen: Dem Waffenstillstand im Mai 1945 folgte ja sehr schnell ein Sommer, und man kann nachvollziehen, dass so manch ein Besatzungssoldat nach dem überstandenen Gemetzel nun endlich abschalten, sich erholen, kurz: segeln wollte. Zu diesem Zweck wurden nicht nur die zahlreichen Yachten der Marine und Luftwaffe sondern auch alle greifbaren Privatboote beschlagnahmt, und es ging die Sage, dass man die kenterbaren Boote den nicht so hochrangigen Chargen überließ, während die "wertvolleren" Offiziere eher die standesgemäßen Yachten nutzten. So weit war das ja wohl auch – global betrachtet – nachvollziehbar, und den Deutschen war das Segeln ohnehin kurzerhand verboten. Bedauerlicherweise aber waren die beiden ersten Winter nach der Katastrophe extrem hart und somit richtige Eiswinter. So manches beschlagnahmte Fahrzeug erlitt großen Schaden dadurch, dass die mit Eisgang nicht vertrauten Engländer die Schiffe großenteils im Herbst nicht aufslippten, sondern einfrieren ließen. So geschah es auch mit der BRISE III, und in einem der beiden Winter nahm das Eis sie dermaßen in die Zange, dass fast sämtlich Spanten in der Kimm brachen! Von dieser Misshandlung in noch jungen Jahren hat sie sich nur schwer wieder richtig erholt.

Eindrucksvoll war die farbenreiche Schilderung einer anderen älteren Dame, die erzählte, dass die INSEL später einmal mehrere Jahre auf dem Grunde der Schlei verbracht habe. Das Boot hatte sich seinerzeit mehrfach und beharrlich geweigert, die Archimedes'schen Auftriebsregeln für sich in Anspruch zu nehmen, und es vorgezogen, in leicht salziger Atmosphäre unter Wasser auf bessere Zeiten zu warten. So richtig geschadet hat's der späteren INSEL nicht – vielleicht hat sie sich ja sogar ganz bewusst dem Zugriff ihrer damaligen Eigner entzogen? So'n Schiff ist ja auch nicht von gestern...

Für alle Geschenke, die ich von ihr in der Form unvergesslicher Erlebnisse erhielt, machte ich ihr mindestens ebenso aufwändige Gegengeschenke. Sie erhielt im Laufe der Jahre viele neue Planken in der Außenhaut, viele Spanten in der Kimm wurden verdoppelt, um die Eisschäden zu beseitigen, und sicher krönte das Ganze der Neubau des Decks, einschließlich aller Decksbalken, Schlingen und Luken, wobei auch der gesamte Decksssprung neu gestaltet werden konnte, weil ja auch der Mahagoni-Schergang erneuert wurde. Ein neuer, ganz leicht einfallender Außensteven machte die INSEL "extra-scharf"!

Ein weiteres Kapitel kam hinzu, als Fundamentreste und Ausschnitte in Bodenwrangen unter dem Cockpit andeuteten, dass die INSEL zwischenzeitlich "richtig" motorisiert gewesen war – welch ein Fauxpas! Eindeutige Spuren zeigten den Durchlass für ein Stevenrohr und ausgespundete Öffnungen für Kühlwasserleitungen und Auspuff. Eines Tages trafen wir einen Freund eines der früheren Eigner, der die INSEL wegen ihres unverwechselbaren Äußeren erkannt hatte. Er wusste vom Einbau eines kleinen Marstal-Motors zu berichten, der dem Schiff auch in flauen Stunden richtig Beine gemacht haben sollte. Einen Außenbordmotor, für Jollenkreuzer ja eigentlich die logischste Form des Hilfsantriebs, hat das Schiff erst bekommen, als sie in meinen Händen war.

Als Hilfsantrieb wurde ein wunderbarer Außenbordmotor erstanden, der für wenig Geld das Schiff wechselte und fortan sehr gute Dienste leistete: Es war ein beim Kauf ungefähr 40 Jahre alter 4,5 PS "British Seagull", über den man fast ein eigenes Buch schreiben könnte. Seine absolut durable Konstruktion stammte aus der Mitte der dreißiger Jahre, womit er sich schon rein optisch als idealer Motor für die 1937 gebaute INSEL ex BRISE III qualifizierte.

Aber ich will nicht verschweigen, dass die INSEL noch einen weiteren Hilfsantrieb nutzte: Es gab auf dem Heck ein Zepter, viele nennen es lieber "Wriggdolle", und dazu passend wurde ein anständiger, drei Meter langer Wrigg-riemen mitgeführt. In unübersichtlichen Häfen wurden damit oftmals die letzten Meter vor dem Anlegen bewältigt, was schon für einiges Aufsehen sorgte.

In einem dänischen Hafen hörte ich dazu den platt-deutschen Kommentar: »Kiek mol, dor is een, de noch rrrichti' wriggeln kunn – de is bestimmt vunn de Elv!«

Und damit war dann auch meine eigene Herkunft einiger-maßen geklärt.

Freunde auf Erstüberführung zur Schlei 1986

PHYSIK

Der Mittelklassewagen, der erste, den sich mein Bootsbau-
meisterfreund hatte leisten können, rollte mit einem
scheppernden Gestell hinter sich, das kaum als Bootstrailer
zu erkennen war, über das Kopfsteinpflaster des Hafen-
geländes. Ausgerechnet jetzt, im Spätherbst hatten sie die
Schienen der alten Hafenbahn herausgerissen, stapelten sich
die morschen Schwellen zu bizarren Ansammlungen sicht-
baren Verfalls neben der einzigen Uferstelle, die mit
anscheinend sanft ansteigendem Sandgrund eine mögliche
Slipstelle zu bilden schien. Zwischen Baumaterial, Bergen
von Altholz und verfallenden Schuppen wollten wir allen
Ernstes das Wagnis eingehen, den Jollenkreuzer am Ende
seiner ersten, eher glückhaft überstandenen Saison, quer
über die einzige Zufahrt zum Angelverein aus dem Wasser
zu bekommen. Zugegeben nicht die günstigsten Voraus-
setzungen, aber auch der letzte Krantermin war vorüber und
die Adventskerzen schon auf die Kränze gesteckt.

Als erstes musste das skurrile Anhängsel des Zugwagens in
einen Trailer verwandelt werden, passende Auflager entstanden durch großzügiges Zurechtdengeln der vorhandenen Pratzen. Das alles war nicht nur schwergängig,
sondern nur noch durch mutiges Biegen zu justieren.

Als wir meinten, eine ungefähr passende Bettung für den
Rumpf hinbekommen zu haben, musste das Dings ins
Wasser. Ein nennenswertes Gefälle gab es nicht, was wir
eher für günstig hielten, war dann doch auch keine
nennenswerte Steigung beim Aufschleppen zu überwinden.
Der „Trailer" wurde also mit einer sehr, sehr langen Leine
vom Kai aus mit dem Auto so weit – sehr weit! – ins
Wasser bugsiert, bis wir meinten, das Schiff könne darauf
einschwimmen.

Schon der erste Versuch vollendete das Fiasko. Der Rumpf
saß so fest eingeklemmt zwischen zwei Pratzen, dass er nur
noch mit einem Schwimmkran oder Hubschrauber hätte

ausgehoben werden können. Der Schwerpunkt der Ladung befand sich zudem leider noch ein wenig hinter der Achse, das war schon deutlich zu ahnen. Da guter Rat teuer, ja eigentlich unbezahlbar war, mein nächster Tag wieder ein Arbeitstag mit Hauptprobe "alles mit allem" in 550 km Entfernung sein sollte und wir ohnehin schon vom Herumwaten im bereits eiskalten Wasser etwas in der Vielfalt der Entscheidungsmöglichkeiten eingeschränkt waren, beschlossen wir, es dennoch zu versuchen – das Schiff musste raus!

Nun begann ein dramatisches Kapitel der Überwindung erstens der Physik, Abteilung Mechanik, und zweitens der Vernunft. Aber alles ist verjährt, verlassen Sie sich drauf.

Zunächst wurde der erwähnte Mittelklassewagen über eine Talje mit dem Anhänger verbunden, die Großschot leistete wertvolle Hilfe. Nichts ging. Dann wurde die Talje so geschoren, dass sie zwischen Hänger und einem Schuppenpfeiler gespannt war, am freien Ende der Talje zog, leider erfolglos, der Mittelklassewagen. Der aber war hinten zu leicht, um seine geballten 100 PS oder mehr überhaupt auf den Boden zu bringen, seine Hinterräder rutschten nur hilflos darüber hin.

Ein Lob der Stadt, dem Hafenbetreiber und der ausführenden Baufirma: Es lagen da ja noch die Bahnschwellen herum! Mit den guten alten preußischen Schwellen wurde also der Kofferraum des Zugwagens beladen, bis dieser genügend Reibungslast hatte, außerdem nahm ein halbes Dutzend dieser schwergewichtigen Hölzer auf dem Vorderteil des Trailers Platz, wodurch dieser in die Waage geholt werden konnte. Aber es ging noch immer rein gar nichts.

Als letzte Masche fiel mir ein, dass es bei einer südamerikanischen Staatsbahn Brüder meines Käfers gab, die dort als Lokomotiven im Rangierdienst erfolgreich eingesetzt wurden. Das war die Lösung.

Mein guter, 300.000km alter Käfer „mit 50 PS und Hänger-kupplung" wurde dem Ganzen noch zusätzlich vorgespannt und dann – na, so einfach war das noch lange nicht!

Inzwischen hatte sich noch ein weiteres Problem zu den restlichen hinzugesellt: Wir mussten erkennen, dass der Trailer unter Wasser an der linken Seite einen Plattfuß hatte.

Haben Sie schon mal ein Rad gewechselt? Vermutlich die meisten: »ja«.

Im Dunkeln? Wahrscheinlich etliche auch: »Ja«.

Unter Wasser? – ?

Na, das glaube ich eher nicht.

Das sonderbare Gespann mit dem plattfüßigen Anhänger unter Wasser befand sich mühevoll zusammengeknotet natürlich genau auf der einzigen Zufahrt zum örtlichen Angelverein. Und das – im Verein mit der zünftigen Anglern bekanntermaßen eigenen Ungeduld – war eigent-lich unser Glück. Denn es kam ein deutlich bierseeliger Regenwurm-Bademeister mit seiner älteren, schwäbisch gebauten Strichacht-Familienkutsche herangerollt und begehrte Durchlass.

Unmöglich! – Es sei denn, er hätte ein halbwegs passendes Reserverad…

Hatte er. Echtes Lottoglück.

Der Radwechsel selbst war reine Gefühlssache. Dunkel, eiskalt und unter Wasser. Nicht ganz alle Radmuttern fanden glücklich ihr Gewinde.

Dann aber zogen beide Zugwagen gemeinschaftlich den Trailer mit dem ideal ausbalancierten Schiff beinahe spielend an Land, der Angler bekam seine Freiheit wieder und fuhr kopfschüttelnd davon, während wir unsere selt-same Fuhre in einen halbwegs straßenverkehrstauglichen Schleppzug verwandelten, was noch einmal eine Stunde harter Arbeit bedeutete.

Die Probe fand statt, ich war gegen vier Uhr früh wieder im Theater. Das Stück fiel durch. Erfreulicherweise.

Nicht jeder neuzeitlich-szenische Erguss muss überleben.

Irgendwann, Jahre später, bekam die INSEL einen richtigen, nagelneuen und amtlich zugelassenen, eigenen Trailer. Der verlor dann schon mal einen fast noch neuen Reifen auf der Autobahn, später platzte der andere zum Ausgleich dann auch noch, natürlich an ungünstigster Stelle und zu nachtschlafender Zeit und im Ausland…

Alles ganz normal.

Aber geslippt haben wir nie wieder.

GÜNSTIG

Das Einsegeln in den Yachthafen von Rudkøbing war bei dem Südost keine Herausforderung, unter Vollzeug hinein, das Vorsegel weg und langsam in die nördliche Ecke, wo es schon ein wenig eng ist und die eher bescheidenen Boote liegen. Alles war gut, das Groß glitt geschmeidig die Bronzeschiene hinab und verteilte seine Fläche auf der Kajüte, der allerletzte halbe Knoten Fahrt genügte für die Entdeckung einer freien Box und als Steuerfahrt für eine Kehrtwendung zwischen die Pfähle, es blieb sogar locker Zeit, in aller Ruhe auf's Seitendeck zu gehen und die Achterleine über den Luvpfahl zu stülpen, die Leeleine in Höhe des Achterdecks über ihren Poller zu reichen und in aller Ruhe nach vorn zu wandern, um mit der Vorleine den entspannten Schritt auf den Steg zu tun, alles wortlos, einhand und hundertmal geübt. Zwei Fender hingen gelangweilt außenbords, weil sie wieder nichts berührt hatten… da brach das Ungewitter los.

Oha: Ich hatte also einen Nachbarn.

Wir kennen ihn sicher vom Sehen, einige bestimmt auch vom Hören – er ist allgegenwärtig wie weiland der Buxtehuder Igel. Er trägt ein Netzunterhemd nach neuestem Schick, dazu ausgebeulte Jogginghose und Deppenkappe, er raucht männlich und trinkt goldgelbherben Saft aus dünnwandigen Metallbehältern. Er campt in jedem Hafen mit einer meist schreckhaft-verschüchterten Frau an seiner Seite, die selten zu sehen ist, weil sie ihren Platz kennt, und – er weiß Bescheid. Sein Fahrzeug ist vom Feinsten, was man auf 5,85 m Länge unterbringen kann, zeigt allerhand verchromten Schnick und Schnack zur Identifikation des Typs und des Herstellers, in den dort verliehenen Titeln ist meist auf amerikanisch von „Weekend", „Bay", „Cruiser" oder „Liner" die Rede, was den Betrachter hoffentlich sehr beeindruckt. Ungefähr ein Drittel der „LüA" geht auf das Konto der eleganten Badeplattform, ein weiteres Drittel gern aufs Cockpit mit angedeuteter Fliegenbrücke, zwei weitere Drittel nimmt die Kajüte mit ihrer eindrucksvollen, schwarzfolierten Seitenfensterpartie ein, und das vorderste Drittel bildet das Vordeck mit einer blitzenden Ankerwinde, einem Geschwindigkeit suggerierenden Bugkorbgespinst mit monströsen Fenderhaltern, einem Ausleger für den Auftritt und das Ankerkettchen. Ein solches baumelt dem Eigner in fünf-Meter-fünfundachtziger-Gold auch noch mal um den Hals.

»Das Segeln im Hafen ist verboten!« lautete die erste Botschaft von nebenan.

Die zweite: »Das weiß doch jeder!« O.k., die Aufmerksamkeit des halben Hafens war ihm schon mal gewiss.

An und für sich traditionell eher auf das Absorbieren solcher Mitteilungen eingestellt, blieb hier aufgrund der Nachbarschaft keine Wahl, ich musste reagieren. Sicher nicht besonders klug war der erste Versuch:

»Für mich ist es eben gute Seemannschaft, ein Segelschiff unter Segeln zu beherrschen und dazu gehören auch die Anlegemanöver.«

Auch nicht zur De-Eskalation trug der Zusatz »Ich mache das grundsätzlich so!« bei.

Nun zielte mein Nachbar auf die Gürtellinie.

»Aber mit dem Schrott da«, er deutete auf mein Maschinchen auf dem Spiegel, »darf man sowieso nicht los.«

»Alte englische Technik, hundert Prozent zuverlässig!«

Gemeint war mein ehrwürdiger vierkommafünf PS „British Seagull", der sicher nicht den Vorstellungen dieses Vielzylinderfetischisten entsprach, aber eben mein Motor war und nicht seiner.

»So'n Schietding, das kenn' ich, der läuft sowieso nicht, und deswegen andere Leute gefährden…!« blaffte er und schoss sich langsam ein.

»Der läuft immer, wetten?« bluffte ich zurück, und rundherum reckten die Hafenbewohner bereits die Hälse.

»Ha! Tausend Kronen – der läuft nicht!« insistierte mein Kontrahent siegessicher, seine Frau musste er da ja wohl nicht fragen.

»Wenn's sein soll – aber nachher nicht kneifen!« ermutigte ich eher mich als ihn, »ich ziehe einmal und er läuft, damit hier endlich Ruhe ist«, legte ich nach. Ich holte brav zwei Fünfhundert-Kronenscheine aus dem Portemonnaie im Schwalbennest und steckte sie unter die aufgeschossene Achterleine auf dem Deck.

Die ersten Zuschauer fanden sich auf dem Steg vor dem Motorkreuzer ein, dessen Fahrer nun nicht mehr anders konnte. Er holte drei deutsche DM-Hunderter aus der Hosentasche (wie – keine Kronen dabei?!) und hielt sie triumphierend in die Höhe.

»Du ziehst einmal, und der läuft, sonst ist hier Schluss mit lustig!«

Etwas verschwitzt sah er inzwischen aber doch aus.

Was blieb mir übrig?

Ich öffnete die Tankbelüftungsschraube und den Benzinhahn, klappte den Motor senkrecht, ließ die Halterung herunter, schwenkte die Chokeklappe in den Schlitz des Vergasers, gab ein wenig Gas, tippte fünfsechsmal den Stift auf der Schwimmerkammer, bis der erste Tropfen – man möge mir verzeihen – ins Hafenbecken fiel, schloss die Finger um den Griff der Starterleine und zog. Ein Mal.

Süßlich duftende, himmelblaue Wölkchen über dem Langelands Bælt, Höllenmaschine, Geblubber, feine, zittrige Wellen hoher Frequenz an der seitlichen Wasserlinie, dann noch den Choke – eine zugegebenermaßen primitive Kunststoffscheibe mit einem Loch, die in den Ansaugschacht geschwenkt wird – rausgenommen, den Vorwärtsgang eingekuppelt, Gas gegeben, als gälte es, den Kontrahenten aus der Box zu schleppen, ich war selbst beeindruckt. Ich hatte den Motor ja auch schon länger nicht mehr laufen gehört, aber nun genoss ich es.

Doppelt.

Nebenan herrschte einstweilen Ruhe.

Die Zuschauer applaudierten. Die Netzunterhemd-Ehefrau nicht. Aber es war offensichtlich ihre Stunde: Sie nahm die drei Hunderter, reichte sie mir wortlos herüber, und verschwand wieder in der Kajüte an ihrem Platz.

Ich schloss den Benzinhahn und bald war der Hafen wieder in seine sommerabendliche Ruhe getaucht.

Einmal noch wurde sie empfindlich gestört, als der stolze Fünfdrittel-Liner kurze Zeit später den Hafen verließ, mit unbekanntem Ziel.

Der Motor hatte übrigens genau dreihundert D-Mark gekostet…

EIGENTOR

Idyllisch liegt die Bucht am linken Ufer, ungefähr einen halben Kilometer vor der Schleuse Witzeeze. Hohe Bäume säumen die Ufer, vom nahen Campingplatz plätschert gelegentlich Kinderbadelärm herüber, und Spaziergänger stellen ab und zu mehr oder weniger kluge Fragen. Ein oder zwei Mal am Tag schiebt sich der schwarze Bug eines Kiesfrachters quer durch die schöne Aussicht, mal hoch herausgehoben und eilig von links nach rechts, dann wieder schneckenlangsam und tief abgeladen mit Wasser auf dem Gangbord von rechts nach links auf dem Weg in die große Ssstadt. Kein Schwell trübt das Liegeplatzglück in der Einsamkeit des Ufers – na gut, dafür es gibt auch weder Strom noch Wasser, aber Naturerlebnisse rundherum zuhauf und, bis auf stündlich vorbeifahrende Züge am anderen Ufer, keinen Umweltlärm. Ruhe. Nichts als Ruhe. Und viel Zeit. Schifferleben im Nirgendwo.

Die INSEL hatte für diesen Lebensabschnitt eine Mastlege-einrichtung bekommen, abgestimmt auf die gängigsten Durchfahrtshöhen des Elbe-Lübeck- und der hamburgischen Bille-Kanäle. 3,3m sind dort das Maximum. Man konnte auf ein solches Hindernis zusegeln, einen Jüttbaum anschlagen und musste nur noch eine Talje fieren, um dann mit dem vorhandenen Schwung unter der Brücke hindurch-zugleiten, ohne erst umständlich die Segel zu bergen oder ähnlich aufwändige Manöver durchführen zu müssen. Nahezu ohne Aufenthalt konnte man so mit etwas Übung die abenteuerlichsten Reviere ersegeln, ohne den Motor, allenfalls jedoch den Wriggriemen zu bemühen. Abends wusste man dann zwar sehr genau, welche Muskulatur der Mensch in welchen Körperpartien hat, aber Spaß machte diese Art zu reisen durchaus. Bis auf einen einzigen, angesichts der Exklusivität des Erlebten beinahe völlig vernachlässigbaren Umstand:

Das Segeln auf bestimmten Binnenwasserstraßen ist schlicht verboten. In Deutschland jedenfalls.

Da das nicht an allen Stellen logisch erscheint, weil der Verkehr so gering ist, dass das Segeln niemanden stören würde, störte ich mich wiederum nicht sonderlich an diesem Umstand. Die nautische Herausforderung, nur mit Windkraft von Lübeck bis Lauenburg zu reisen, war zu verlockend. Und über größte Strecken gelang es auch wunderbar. In Schleusennähe wurde um des lieben Friedens willen natürlich der Motor benutzt, und Hochspannungsleitungen wurde mit der erforderlichen Hochspannung und Respekt begegnet. Man ist ja kein Idiot und weiß die elektrische Unversehrtheit von Schiff und Mannschaft zu schätzen. Aber die schönen langen Strecken ließen sich herrlich aussegeln, und eine kleinere Kreuz war zwischen Güster und Büchen als sportliche Einlage auch dabei. Wunderschön lautlos, geduldig, einsam.

Die Reise nach Hamburg gedieh zu einem Höhepunkt des Jahres. Beim Holzhafen in die Billekanalwelt eingeschleust, gelangte man in eine völlig unbekannte Art von Großstadt. Hamburgs Kanäle mit ihren pittoresken Ufern in zerbröckelnder Industriearchitektur, Passagen unter düsteren Brücken oder Ausfallstraßen und durch Kleingartensiedlungen mit noch echten Jogginghosenkerlen, freundlichen Anglern, spinnenumnetzten Wohnschuten, tief hängenden Weiden und ein wenig noch funktionierender Restwirtschaft. Ungewohnt auch die kameragestützte Abfertigung in der Brandshof-Schleuse unter dem Abstellbahnhof beim Großmarkt, bei der man das Gefühl völliger Ausgeliefertheit und Weltentrücktheit in einem fernen Kessel aus algenbegrüntem Backstein hatte. Verkehrsgebraus über einem, aber keine Menschenseele. Beinahe ziemlich unheimlich.

Dabei waren die Hamburger Schleusen noch recht freundlich, man wurde wenigstens nicht geduscht. Anders in Geesthacht an der Schwelle von Oberelbe zu Unterelbe, wo derjenige, der ein- oder ausfahren will oder muss, erst einmal eine kräftige Dusche mit Elbschlickwasser abbekommt, weil die Hubtore Deck und Mannschaft flächendeckend beregnen.

Ärger gab es in diesem Binnensommer auch – natürlich, wenn etwas richtig Spaß macht, ist Ärger meist nicht weit.

Geschwindigkeit ist wohl eines der von Menschen am unterschiedlichsten wahrgenommenen Phänomene. Und es gibt in der Wahrnehmung von Geschwindigkeit ja auch unterschiedliche Interessen. Auf dem Elbe-Lübeck-Kanal wird dem Empfinden der Geschwindigkeit bisweilen gern etwas Nachhilfe erteilt. Das von Autofahrern so geschätzte Instrument „Radarfalle" schnappt selbst hier gelegentlich zu, wenn auch etwas langsamer. Messen einerseits die Schleusenbediener im Zuge ihrer Protokollführung sozusagen nebenbei die tatsächlich gefahrene Durchschnittsgeschwindigkeit anhand der Ankunftszeiten bei der jeweils nächsten Schleuse, so misst die Wasserschutzpolizei immer mal wieder die Momentan-Geschwindigkeit mit dem altbewährten Instrumentarium, das sonst zum Beispiel in Ortsdurchfahrten auf seine Funktionstüchtigkeit geprüft wird, wenn laut Schild „Radarkontrolle" die Polizei angeblich ihr Radar kontrolliert.

Einmal hoffte ich sehr, dass eine solche Kontrolle einem üblen Raser, der mit seinem fürchterlichen Schwell mein sorgfältig lackiertes Schiff auf eine halb unter Wasser liegende Spundwand gesetzt hatte, zu Leibe rücken möge.

Die Blessuren knapp über der landseitigen Wasserlinie waren so ärgerlich, dass ich mich erfrechte, bei dem zuständigen Wasserschutzpolizeirevier anzurufen und zu verpetzen, dass da etwa zwischen Büchen und Siebeneichen jemand mit unerhörter Übergeschwindigkeit die Kanalufer beschädige.

Das war nicht so klug. Von mir.

Der freundliche Beamte bedankte sich nämlich nicht nur für die Information, er fragte auch, was mich zu dem Anruf bewege. Ich erklärte daraufhin, dass mein Fahrzeug am Ufer liegend durch den Schwell beschädigt worden sei.

Das hätte ich besser nicht gesagt.

»Wir wissen, dass Sie da liegen!« verdutzte er mich nicht schlecht. »Und Sie sollten wissen, dass Sie da gar nicht liegen dürfen!«

Da hatte ich mein Fett weg, dachte ich.

»Der Kanal ist eine Binnenwasserstraße, wo nur an ausgewiesenen Liegestellen festgemacht werden darf.«

Oha, jetzt ist auch noch der schöne Platz weg..?

»Und dass Sie im Kanal segeln – das wissen wir auch! Sie wissen, dass das nicht erlaubt ist?«

»– – – ähh«

»Naja, dann wissen Sie sicher auch, dass wir eigentlich gegen Sie Anzeige erstatten müssten – aber mit Ihrem Boot umgehen können Sie offensichtlich…«

Petze Petze ging in'n Laden – aber zu schnell sind wir auf dem Kanal wenigstens nicht gefahren…

NAVIGATION

Waren das noch Zeiten, das Schiff erst zweidrei Jahre im Besitz, die Erfahrungen aber schon durch Meilen um Meilen geschärft, ging der Sommerurlaub mit ungetrübtem Wetter über Wochen leider zu Ende – nur das lange Bein von Bagenkop nach Kiel stand noch aus. Nun schmunzeln Sie nicht: Bagenkop – Kiel ist für einen Jollenkreuzer, der sich als kenterbares Boot tunlichst eher unter der Küste halten möchte, schon eine ernstzunehmende Herausforderung!

Der küstennahe Umweg ist um ein Mehrfaches länger und führt noch einmal durch die halbe dänische Inselwelt, so reizvoll diese ist, so lange benötigt man dafür dann aber auch.

Der Zufall hatte meinem Schiff einen alten, segelerfahrenen Freund als zweiten Mann beschert, sämtliche erreichbaren Wetterfrösche und -hexen weissagten ausschließlich das ruhigste Wetter, das man sich vorstellen konnte, und mit einvernehmlich Ost 2–3 für die nächsten drei Tage war nichts zu erwarten, außer dem, was man sich als Idealbedingungen erträumen konnte.

Ehrlich gesagt schmeckte die mit Krabben und Champignons gefüllte Scholle in Bagenkop, die ich zur Feier des Tages am Abend verspeiste, wunderbar. An das Lokal selbst habe ich keine lebendigen Erinnerungen, aber die Tischgesellschaft zweier Folkebootsegler ließ keine Langeweile aufkommen. Es war warm, eine stetige Heimbringerbrise zog über den Hafen, die Sonne war bereits unter der Kimm verschwunden, als wir auf die Idee kamen, diese Gelegenheit beim Schopfe zu greifen und eine Nachttour nach Kiel zu wagen – das Folkeboot als Anstandswauwau nebenher.

Gegen 22 Uhr waren wir seeklar, pfiffen auf das bereits bezahlte Hafengeld – eine so schöne Nacht war die Verschwendung allemal wert! Kurz vor dem Auslaufen verschwand der Folkevorschoter in Richtung der gefliesten Sozialräume, um leider nicht wiederzukehren. Nach einer halben Stunde und zweimaligem Nachfragen war klar, dass das Folkeboot nicht mit vollzähliger Mannschaft auslaufen konnte, irgendeine Unpässlichkeit war dazwischen gekommen. Es war immer noch so warm, T-Shirt-Segeln um Mitternacht – das konnten wir uns nicht entgehen lassen! Also entschieden wir und setzten Segel, es war einfach zu verlockend.

Der Kurs lag an, die Segel zogen, die Welle war nicht höher als auf einem Binnensee, einzig der Schwell fern vorüber ziehender Frachter und Tanker hob und senkte Bug und Kimm. Die Seekarte regelmäßig vor Augen, überprüften wir gewissenhaft die Feuer an Land und auf See, markierten die passierten Tonnen, nahmen Peilungen und trugen sie in die Karte, alles ganz schulmäßig.

Aufkommende und ablaufende Dampfer- und Seitenlichter wurden erörtert, ein trawlender Fischer zog gen Vejsnæs Nakke davon, ehe wir ausweichen mussten, wie schön übersichtlich kann doch die Nachtsegelei sein!

Irgendwann mischte sich Unsicherheit in meine Beobachtungen, schlich sich eine leichte Beunruhigung ein. Ich sah andere Lichter auf anderen Schiffen als mein Mitsegler. Die Tonne Gulstav-Flak 14 konnte ich beim besten Willen nicht ausmachen, obwohl sie in der Karte schon als gesichtet markiert war.

Nebel? Seenebel um diese Zeit? Mir wurde leicht komisch, ich hatte Schwierigkeiten, den Kurs zu halten, als ich das Ruder führte, und mein Freund fragte nach, wie ich dies oder jenes gemeint hatte. »Was ist los,« dachte ich, »verdammi'no'mal, wieso sehen wir nicht dasselbe?«

Dann geschah das Unvermeidliche. Ich ließ mir Scholle mit Krabben und Champignons gefüllt „noch mal durch den Kopf gehen“. Alles drehte sich.

Totalausfall. Umschalten auf Notbetrieb. Kopf oben behalten. Wo kommt der ganze Schwell her?

»Übernimm' mal – bist Du fit?«

Zwei Stunden gar nichts mehr. Koje. Schüttelfrost.

»Wo sind wir?«

»Nördlich Kiel-Ostsee-Weg, Kurs 210°, eine Lücke erwischt, segle jetzt über'n Track…«

Schlaf. Hochschrecken. Verständnisloser Blick in die Seekarte.

Nach einer weiteren Stunde erwache ich – fast unbegreiflich gekräftigt, klare Gedanken.

»Alles o.k.« –

»Bei Dir?«

»Mensch, das war wohl eine Lebensmittelvergiftung! Gut, dass Du mit dabei bist! Lass mal sehen, wo stehen wir?«

»Im Südwesten hatte ich Leuchtturm Kiel, schon seit drei Stunden gut zu sehen. Jetzt ist er weg!«

»Wie – weg? Kann doch gar nicht sein!«

Rundblick: Aha! Da liegt westsüdwestlich eine Küste. Eine Küste mit einer ganzen Reihe von Straßenlaternen, keine Autos zwar, aber das ist um diese Nachtzeit ja kein Wunder. Oberhalb sind höhere Gebäude zu erkennen, dann wieder ein Stück Küste mit weiteren Gebäuden.

Was, bitte, soll das sein? Habe ich in Heimatkunde, vierte Klasse, Schleswig-Holstein, bei Frollein Bööhnke, nicht aufgepasst?

Also: Hier müssen ja Tonnen sein. Langsam schwindet unsere Ruhe, zumal mein Zustand in den letzten Stunden wirklich nicht unbedingt vertrauenwerbend war.

Da ist eine – zählen wir die Kennung mal aus. Hmmm. 3 Blitze, 5 Sekunden.

Scheint gelb oder weiß zu sein. Osttonne einer Untiefe? Was liegt denn hier in der Nähe?

Die Seekarte zeigt keine Küste mit größeren Gebäuden, einer Stadt, einer Küstenstraße mit Laternen! Und: Wo zum Teufel ist Kiel Leuchtturm geblieben?

Der verschwindet doch nicht einfach so?

Ein Glück, die anderen großen Pötte bleiben ein ganzes Stück achteraus, im nördlichen Quadranten, wir sind also niemandem im Weg, und uns stört auch keiner. Und das Wetter ist ruhig.

»Ein Kaffee wär' jetzt gut« –

»Mach' ich.«

Wunderbares Segelwetter. Absolut topp. Wenn man weiß, wo man ist, umso besser.

Die Stadt mit der Küste wandert langsam nach steuerbord aus. Wir segeln erst einmal näher an die Untiefentonne heran. Drei Blitze, also östlich einer Untiefe, da bleibt mit Kennung und Wiederkehr nur „GABELSFLACH OST". Wir lesen es schließlich sogar von der Tonne selbst ab. Aber wo ist der Leuchtturm?

Da leuchtet über der Küstenstraße eine Ampel auf.

Grün. Neue Lichter gehen an, ein – nein, zwei weiße, andere gehen aus. Häuser und Straße verschieben sich ganz sachte. Das gibt's doch nicht! Eine rote Lichterscheinung taucht zwischen den Häusern auf, verschwindet wieder.

Regelmäßig.

»Kiel Leuchtturm,« sagt mein Freund ruhig.

Und ich sehe alles ganz deutlich, eindeutig und unmiss-verständlich vor mir:

Da haben doch tatsächlich eben südlich des Kiel-Ostsee-Weges zwei dicke Pötte so überlappend geankert, dass sie das Leuchtfeuer Kiel für uns Froschperspektivnutzer verdeckten, ihre Decksbeleuchtung sah aus wie eine Uferpromenade und im Verein mit den Aufbauten hätte man das Ganze für ein zweites „Damp" halten können!

Ach was – Damp!! Wo doch Navigation nachts so viel einfacher ist!

TAUFE

Die „LANGELAND III" war das erste Wasserfahrzeug, das sie in ihrem Leben betrat und nach sechsstündiger Bahnfahrt und dem Taxi an diesem Tag bereits das dritte Verkehrsmittel auf dem Weg in eine neue Welt: zum ersten Segeltörn. Herrlichstes Segelwetter ließ die Sonne auf dem Sonnendeck genießen, allein der Lärm der Maschinen und Lüfter und die vielen anderen Passagiere verhinderten perfektes Luxus-Kreuzfahrtfeeling. Ich hatte meinen ersten längeren Segelurlaub mit dem neuen alten Schiff in den Gewässern um Fyn unterbrochen und sie und ihre drei Taschen mit der Fähre in Kiel abgeholt – wohlwissend, dass die geplante Urlaubsform einer gewissenhaften Vorbereitung bedurfte. Aus der luftigen Perspektive des Sonnendecks konnte ich ihr schon mal ein wenig über Wetter- und Seezeichenkundliches und die Schönheit der See nahebringen, was angesichts des großen Abstandes von der Wasseroberfläche angstlösend und beruhigend wirken konnte.

Ach, wie groß ist doch der Unterschied zwischen Menschen, die mit dem Wasser aufgewachsen sind, und den armen Binnenländlern, denen beim Anblick von Schiffen im Puschenkino schon schwummerig wird!

Nach endlosen Stunden stand in Bagenkop das rote DSB-Rutebil bereit, und über die Dünenkuppen und Endmoränen der Inseln Langeland und Tåsinge ging es nach Lundby, wo ich zwei gemietete Fahrräder als fünfte Transportmittelform dieses Tages hinter einem Knick versteckt hatte.

Durch schattige Wälder und am Valdemars-Slot vorbei – »schau mal, hier gibt sehr wohl kulturelle Höhepunkte!« – gelangte sie schließlich nach beinahe 12 Stunden am Tagesziel an, dem strenggenommen sechsten Transport-mittel, das inmitten des ob einer Regattaveranstaltung überfüllten Hafens von Troense in seiner Box an den von Havnemester Søren fürsorglich gefierten Festmachern hing

46

– meinem Jollenkreuzer, der darauf wartete, dass er seinem Ruf, ein schnelles Schiff zu sein, bald wieder gerecht werden dürfte.

Die folgende Szene kennen im Prinzip wohl alle, die wachen Auges mal einige Stunden in einem Yachthafen verbracht haben, und angesichts der Überfüllung des Hafens und des herrlich warmen Sommerabends waren Zuschauer von Expertenrang in diesen Dingen mehr als reichlich zugegen:

Ein Mann und eine Frau betreten den Steg eines Yachthafens mit zahlreichen Taschen – aha: Ganz offensichtlich reist da jemand an. Er scheint sich auszukennen, ist wohl der Eigner des Bootes, vor dem die beiden nun stehen geblieben sind, und er erklärt mit wortreichen Gesten dies und jenes an seinem Schiff, was sie sicherlich noch gar nicht einzuordnen imstande sein kann, aber der Besitzerstolz macht Eigner ja bei derartigen Gelegenheiten für solcherlei Einschränkungen durchaus begreiflicherweise ein wenig blind.

Die werdende Mitseglerin reagiert wohl eher etwas verhalten, aber die unfreiwilligen Zuschauer scheinen auch das zu wiederzuerkennen, sie haben es sicher selbst schon mehrfach erlebt. Und da ist es natürlich immer wieder spannend zu sehen, wie es dem Paar dort ergeht – für den einen schmunzelnd betrachtete Bestätigung der eigenen Statistik, für den anderen die erhoffte argumentative Steilvorlage gegenüber der mitreisenden Begleiterin.

Was die Angereiste viel mehr beeindruckt als die Finessen des vor ihr liegenden Bootes sind die Schmalheit des Bugs, der Abstand der zu treffenden, unerhört spitzen Trittfläche und der Höhenunterschied zwischen dem Fuß auf dem Steg und dem Ziel irgendwo da unten. Und natürlich kein Geländer, keine Stufen dazwischen, nichts zum Anfassen, Sichern, Greifen! Naja, damit es weiterging, nahm ich also die erste Tasche und stieg hinunter, immer so entspannt und selbstsicher wie möglich – ich wollte ja keinen Anlass zur Unsicherheit bieten.

Die erste Tasche war in der Kajüte, die zweite auch, die dritte, und schließlich war ich ein halbes Dutzend Male das recht schmale Seitendeck entlang geschlendert, nur die Freundin sollte noch diesen, ihren letzten großen Schritt in ihre seglerische Zukunft wagen. In Höhe der Kajüte an Deck nach vorn gehend versuchte ich, das Stimmengewirr der sich zahlreich in den umliegenden Plichten bei Bier und anderen geistigen Getränken klönenden Zuschauer in den Ohren, sie zu locken und mit den Worten »Schau, das Schiff bewegt sich überhaupt nicht, wenn ich hier entlang gehe, es kann überhaupt nichts passie…!« –

Nie mehr oben ohne: Die Kuchenbude 1992

Der rechte Fuß tauchte als erstes durch die spiegelglatte Oberfläche des Hafenwassers von Troense, gefolgt vom rechten Bein, dem ausgestreckten rechten Arm, schließlich den knappen zwei Zentnern Segler, seiner Brille, Geldbörse, einzig die linke Hand fand die Schanzleiste, erntete ein paar hässliche Hämatome und auch ein wenig Halt.

Als mein Kopf die Wasseroberfläche von unten her wieder durchbrochen hatte, drangen Echo und Nachhall brüllenden Gelächters des halben Hafens an die Ohren, und ich rekapitulierte langsam den Ablauf der letzten Sekunden.

Irgendwie musste mein rechter Fuß – aua, das Schienbein dazu tat verflixt weh! – die Schanzleiste verfehlt haben, vielleicht war ich auch allzu sehr auf meine Überredungsmaßnahmen konzentriert gewesen, oder Isaac Newton hatte vielleicht auch Geburtstag und forderte eine Demonstration der einschlägigen Schwerkraftregeln, jetzt musste jedenfalls Archimedes helfen, er war schließlich der Ältere, und mit Hilfe seiner Lehre von Verdrängung und Auftrieb und unbeholfenen Schwimmbewegungen meinerseits gelang es mir, mich zwischen den Bootsrümpfen herauszumanövrieren. Ich schaute mich um und verfluchte meine Sparsamkeit, eine feste Rettungsleiter gab es zu diesem Zeitpunkt am Heck meines Jollenkreuzers noch nicht. Also zur nächstliegenden Leiter hinübergepaddelt und die Stufen geentert, hatte ich, eh' ich mich versah, schon ein Gläschen irgendeines hochprozentigen Kaltgetränkes intus, was, kann ich mangels Praxis in diesen Dingen nicht definieren.

Nun zeigte die Anlage des Hafens von Troense allerdings ihren hohen Unterhaltungswert für die Zuschauer – das Schiff, auf dem ich mich befand, lag am gegenüberliegenden Steg im Päckchen, und ich durfte unter dem immer noch anhaltenden Gelächter und allerhand sicher ganz doll lustigen Kommentaren einmal rund um den Hafen schaulaufen, um an Bord, zu trockenen Klamotten und innerer Ruhe zu kommen.

Es wurde ein schöner, seglerisch genussreicher Sommerurlaub, und der Weihnachtsmann brachte eine piekfeine Rettungsleiter, Segler sind ja keine Badegäste...

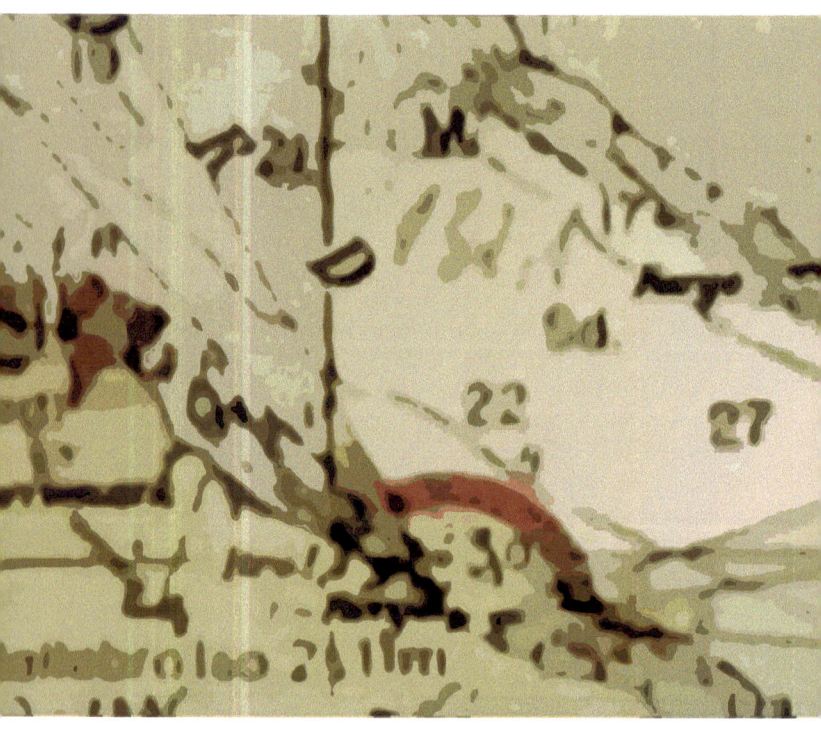

GEFLOGEN

Bei Kalkgrund bekam ich dann doch langsam entsetzlichen Hunger. Alle Vorsätze über Bord werfend belegte ich die Sorgleine der Pinne, der schon etwas lahm gewordene Nordost, dessen Windsee sich bereits zu leichter Orangenhaut entspannt hatte, schickte einen gleichmäßigen Hauch von Lyø und Aerø herüber, die regelmäßig geformten Schönwetter-Cumuli des Augusttages waren bereits durchsichtig und in vollständiger Auflösung begriffen. Schöne, heile Ostseesommerabendwelt. Ein Blick unter das Vorluk und hinter die Kombüse zeigte die kulinarischen Möglichkeiten auf, mit deren Hilfe ich das Hungergefühl in Genuss verwandeln konnte. Eine drei-viertel Stunde später wurde getafelt, wie es einem Jollenkreuzer auf See nur gerecht wurde: Schweinesteaks an dreierlei Gemüse, Salzkartoffeln, Sherry-Sauce, gemischter Salat, dazu ein Rotwein, gut – alternativ Kirsch-schorle, das Lieblingsgetränk mit den zwei „Sch". Abschließend entweder frischen dänischen Ymer oder Zitronenquarkspeise. Und noch ein Streifen Vienerstæng. Dazu Kaffee, nach Dänensitte, am Abend.

Passend dazu drehte der Wind leicht zurück, kam achterlicher, wunderbar zum Spinnakern, aber erst nach dem Abwasch, Ordnung muss sein, und Zeit ist ja genug, denn einen geordneten Liegeplatz in einem offiziellen Yachthafen würden wir heute Nacht vielleicht sowieso nicht mehr erreichen.

Die Sonne versank anständig errötet in der Flensburger Außenförde, ungefähr hinter dem Feuer Holnis. Schön so ein Abend, ohne den nervtötenden Schwell die freiheitlich-demokratische Grundordnung verteidigender Schnellboote, der sich an ruhigen Abenden über Dutzende von Meilen hinweg in der ganzen westlichen Ostsee störend bemerkbar zu machen pflegte. Ohne die allgegenwärtigen Butter-dampfer, die tagsüber die Küstengewässer durchpflügten und mit ihren Bug- und Heckseen das Nähgarn aus den kraftlos schlagenden Segeln droschen.

Na gut, jetzt kam bei Brunsnis ein Kümo aus Flensburg um die Ecke, da konnte dann das beliebte, „Heitere Schiffe-Raten" gespielt (Welches Kekschen hätten Sie denn gern?) werden, die meisten Silhouetten kannte man ja mit der Zeit, und wenn eines von ihnen schließlich im Ofen verschwunden war, fiel es einem erst Jahre später vielleicht auf.

Heute kam HANS-GEORG von achtern auf, nett altertümlich anzuschauen mit ihrem hohen, hölzernen Ruderhaus, den zwei eigentlich nutzlosen Masten und der lichten Veranda um den stattlichen Schornstein. In Ballast, den dunkelgrauen Rumpf mit dem braunroten Unterwasserschiff weit nach oben gereckt und mit dem schön sonoren Deutzer Sechszylinderklang. Drei Kartoffeln = eine Schraubenumdrehung. Bitte zählen Sie mit. Immer in Dreiergruppen.

Ungefähr eine halbe Stunde lang hörte man das, garniert mit etwas gleichförmigem Bugwellenrauschen. Man sah quasi die gleichmäßige Wellenbewegung der Ventil-Kipphebel wie durch einen gläsernen Rumpf. Und immer vorbildlich supergepflegt und gut unter Farbe. Kein Rost, Hut ab.

Bald darauf noch eine Störung, der allerletzte Butterdampfer von Sonderburg nach Kappeln. Spät dran, ATLANTIS III!

Zeit zum Setzen der Positionslaternen, Docht hochdrehen, Zylinder anheben, anzünden, Zylinder schnell wieder drauf, warten. Brennt gut. Nach vorn geturnt, Laterne festgelascht, fertig.

Hecklicht brennt auch.

Was macht denn da vorn – wir waren inzwischen in Höhe von Falshöft – der Butterdampfer? Dreht auf die Schleimündung zu, zeigt sein grünes Seitenlicht, dreht weiter, zeigt beide Seitenlichter, kommt der zurück? Nein, er dreht bei. Bald darauf Seitenlichter aus, nur noch zwei weiße Lichter, eines ganz vorn, wohl im Vortopp, das andere am Flaggenstock. Auch die Promenadendecksbeleuchtung bleibt an, das Schiff hat also Anker geworfen, wenn man den Lichtern glauben soll. Außer ATLANTIS III ankern hier auch noch ein holländisches Kümo (modern, also völlig uninteressant…), der Maasholmer Rettungskreuzer und ein paar Yachten. Eine richtige Versammlung.

Die Küste schleicht in Lee vorbei, und als der Wächter hoch auf der Zinne des Herrenhauses von Oehe längst seinen Mitternachtsgruß ins Horn geblasen haben müsste, runden wir erst die berühmte Baumgruppe der Nehrung und dann die Molenköpfe der Einfahrt von Schleimünde. Altehrwürdig steht der Leuchtturm in seiner schwarz-weißen Rüstung und wartet auf die Heimkehrenden.

Die Wellen schmatzen genüsslich zwischen den Steinen der Mole, Tang riecht, wir halsen in die Einfahrt hinein, und das Schiff gleitet lautlos zwischen schlafenden Möwen dahin. Ich stehe am Ruder, die Pinne zwischen den Beinen und gleiche wie immer die Luvgierigkeit durch die sich aus der Krängung ergebende Neigung nach Luv aus, so läuft das Boot perfekt geradeaus. Nach ungefähr hundert Metern verliere ich den Kontakt zur Pinne und mache mich unwillkürlich auf den Weg nach vorn bis zum Reitbalken, der quer das Cockpit teilt und nun unsanft meinen Knien Einhalt gebietet – das Boot ist massiv abgebremst worden, als hätte einer die Handbremse gezogen. Wir, das wird mir erst durch gewohnheitsmäßig-automatische Seitenpeilung klar, wir stehen.

Wir stehen mitten im Fahrwasser der Schleimündung, gegen ein Uhr früh kurz vor dem Anlegesteg der Fahrgastschiffe in Höhe der Giftbude der Lotseninsel. Wie festgeschraubt. Die Segel sind bei halbem Wind herrlich gefüllt, das Schiff hat 5 – 10° Krängung, wunderbarste Segelbedingungen! Aber nichts geht vorwärts. Ich hole die Taschenlampe, leuchte nach vorn, leuchte zu den Seiten, nach achtern. Nichts.

Ich gehe nach vorn, leuchte ins Wasser. Grün. Grüne Wiese, sozusagen. Leicht ins bräunliche schimmernd, nun merklich riechend: Die INSEL hat sich ein Nest gesucht im Seegras.

Kaum zu glauben, Seegras, so weit die Lampe leuchtet, ein richtig dicker Teppich, nein, ein Pfropfen aus Seegras. Kein Wasser ist mehr zu sehen, nur feuchte Wiese.

Tja – und da ist es ja doch mal gut, wenn man einen Jollen-kreuzer segelt! Ich denke, hier zu übernachten ist unmög-lich, mitten im Fahrwasser steckengeblieben, aber wir können ja mal das Schwert hoch holen! Also Schwert hoch, und es geht ein paar Meter weiter. Na gut, scheint zu gehen, also auch das Ruder hoch! Und Segel bergen.

Was nun kam, war eine sportliche Herausforderung, wie ich sie selten meistern musste. Anderthalb Stunden brauchte ich, um den Rumpf mit dem Wriggriemen über das Seegras hinwegzuarbeiten. Echte, grundsolide Gartenarbeit! Eine Heugabel wäre sinnvoller gewesen, aber es gibt ja nur wenige Jollenkreuzer, die so etwas regelmäßig mitführen.

Die zurückgelegte Distanz war nicht größer als vielleicht 50 Meter, und danach kam wieder herrlichstes, freies Wasser! Völlig frei sogar, denn Schifffahrt im herkömmlichen Sinne war ja nicht möglich!

Es gab bei der Werft in Grauhöft ungewöhnlich viele freie Liegeplätze in dieser Nacht. Lautlos hineinzukommen, war kein Problem, und nach einem abschließenden Gute-Nacht-Trunk fielen wir hundemüde in die Koje.

Am nächsten, von keiner Schifffahrt und keinem Schwell gestörten Morgen schliefen wir lange, der Werftchef ließ uns auf seiner Stegrunde gnädigerweise links liegen.

Aber als wir ihm dann gegen Mittag begegneten, fragte er:

»Wo seid ihr denn heute Nacht hergekommen? Habt ihr es in Maasholm nicht ausgehalten?«

Etwas irritiert antwortete ich:

»Von den Ochseninseln, das war ein herrlicher Abend und eine so warme Nacht!«

»Blödsinn, seid ihr geflogen? Doch nicht letzte Nacht – die Schlei ist doch zu!«

»Zu?«

»Ja, gesperrt – dicht!«

Langsam dämmerte es mir.

»Ach, deshalb ankern die alle da draußen… Wir hatten mit Seegras zu kämpfen, anderthalb Stunden Schufterei!«

»Ja, da hat sich gestern erst ein Butterdampfer festgefahren, mit dem Zeug um die Schraube ging da wohl nichts mehr, und dann auch der Rettungskreuzer, und dann haben sie die Schlei gesperrt!«

»Tja,« sage ich nur, »manchmal ist es gut, wenn man die Füße hochnehmen kann…«

Angebote

Irgendwann kommt immer das Thema „Antifouling" auf den Plan, und wenn die Tage kürzer werden, der Herbst das Deck kaum noch trocken werden lässt, fängt man an, sich Gedanken über den Verlauf des kommenden Winters zu machen. Damit ja keine quälende Langeweile aufkommt.

Segler und besonders Eigner alter Schiffe sind da vermutlich von Natur aus mit einer gewissen, allerdings auch fachspezifischen Phantasie begabt, die schon vielen Lebensgefährtinnen oder Ehefrauen unüberwindliche Prüfungen auferlegt hat. Wieso muss, nachdem der herbstliche Krantermin- und Winterlagerstress hinter einem liegt, auch noch, wenn es draußen eh' schon ungemütlich ist, der vermaledeite Quälgeist „Schiff" eine so große Rolle spielen? Kann der schon im Sommer für nichts Wichtiges zu brauchende Nächste nicht wenigstens dann, wenn die Aachener Printen im Supermarkt die Johannisbeeren verdrängt haben, sich um all das kümmern, was im Leben wirklich Bedeutung hat? Es soll da ja wahre Dramen geben, und die „Wir"-Gespräche haben Hochkonjunktur in dieser Zeit.

Fluchtort Winterlagerplatz: Fachsimpeln über geteertes Segeltuch zwischen Totholz und Ballast. Abdichten der Wantpüttingeisen. Bestenfalls Blattgold in der Göhl.

»Was, Du hast noch Eisenschrauben im Steven, armer Kerl!«

»Mach' Dir keinen Kopf.«

»Nee, 'nen Kopf ha'm die ja sowieso schon nich' mehr!«

»Was machst Du diesen Winter?«

»Ich denk', mein U-Schiff hätte mal'n Peeling nötig.«

»Du, ich hab' da noch Eins-A-Yachtgrund von „Wemauch-Immer", hatte ich viel zu viel von gekauft, so 10 Liter kannst Du da noch kriegen.«

»Halt' ma' fest, nehm' ich!« – Schicksal, nimm Deinen Lauf.

Exzenterschleifer sind eine gute Erfindung, besser als so mancher Geheimtipp. Die schaffen was weg. Klarheit. Gleich noch ein bisschen kalfatern, und ein paar Eisenschrauben (hab' ich natürlich auch, red' ich aber nur ungern drüber!) rauskämpfen, wenn man sie schon so mal gut sehen kann.

Wochenlanges Kriechen unter dem flach auf dem Trailer liegenden Rumpf, die Maschine über dem in Maikäferposition auf dem eisigen Beton liegenden, besessen Arbeitenden. Jeder Farbrest findet garantiert seinen Weg ins Gesicht oder den Halsausschnitt. Lahme Arme, vibrierende Finger. Quadratzentimeter sind das Maß der Stunde, und gemeint ist bereits freigelegter Holzrumpf, über Quadratmeter redet man erst im Sommer. Dann meint man Segel. Aber jetzt ist „zweite Saison" – auch schön.

Zwischendurch Kaffee mit Antifoulingstaub aus den Haaren. Aber wenigstens warm.

Dann endlich der große Moment, allesschönschier, glatt wie'n Dahatjederseineneigenenfavoriten.

Jetzt die neue Grundierung, soll ja auch bei 5° C gehen. Alles schön trocken, staubfrei. Rollen rollen, Grundierung nebelt, metallisch pigmentiert erstrahlen Rumpf und Brille, jetzt kann man schon eher wieder über Quadratmeter nachdenken. Drei Schichten. Vier Schichten.

Dann das bewährte Antifouling. Edel kupfern aussehend, nachdunkelnd. Alles s u p e r glatt.

Ende März. Die anderen Arbeiten sind auch getan. Plus 14 Grad, Sonne: zu Wasser.

Dicht. Glatt. Schnell wie noch nie.

Die Saison beginnt, um irgendwann zu enden.

Zeitsprung.

Schon wieder Herbst, mal auf eigenem Kiel bis Mölln am Elbe-Lübeck-Kanal. Wird Zeit, das Schiff ist ja unglaublich langsam geworden, lässt sich kaum noch vernünftig segeln.

Irgendwie ist die Sache im letzten Winter wohl vielleicht doch ziemlich gründlich danebengegangen.

Unmengen von Muscheln, Grünzeug, Getier halten das Schiff beim Segeln fest wie ein Scheunentor im Kielwasser. An der Untertrave wird der Mast gelegt und ab dort die gute alte Britische Möwe bemüht.

Schon der Weg von Lübeck bis zur ersten Schleuse zieht sich stundenlang. Vier Kilometer sind das nur. In der Schleuse warten ungefähr 10 Boote, die alle zur Elbe wollen. Der Schleusenmeister notiert die Namen der Yachten, um die Liste per Telefon an seine Kollegen weiterzureichen, die wiederum erst dann weiterschleusen werden, wenn ALLE diese Boote angekommen sind. Alle. Egal, wie lange das dauert.

Ich gehe um die Schleuse herum, frage jeden einzelnen der Skipper, ob man uns vielleicht freundlicherweise einen Schlepp anbieten könnte, wir wären leider recht langsam mit unserer schwachen Maschine, gerade mal 4 PS.

»Oh Mann, Du hast vielleicht Nerven – wir haben auch nur hundertachtzig – das packen wir nicht!« und:

»Nöö, fahrt Ihr man schön allein, mein Sprit reicht man knapp zur Elbe!« und:

»Mit unserem Jockel schaffen wir auch nur 8 kn, da könnt Ihr genau so gut alleine fahren!«

Und so weiter.

Das obere Tor versinkt, die Schleusung ist beendet.

11 Boote geben Gas.

Allesamt schnurstracks mit rauschender Bugwelle nach Krummesse mit 10 km/h.

Bis auf einen.

Schleusenmeister haben Nerven wie Drahtseile und sind unbestechlich.

Muscheln auch, Seepocken allemal. Ich bin sicher, wir verloren keine einzige bei dem Tempo. Die nächste Schleuse zeigte zwei grüne Lichter, Einfahrt frei. Wir konnten das Licht lange genug studieren. Die Pappeln an der Kanalböschung krochen vorbei. Wir hätten die Blätter beim herbstlichen Fallen einzeln nummerieren können, so viel Zeit blieb uns.

In der Schleusenkammer angekommen vermissten wir einen Rückwärtsgang am Motor nicht, der SEAGULL hat ja auch gar keinen. Wir lagen nämlich auch so sofort still, nachdem die Schraube ausgekuppelt war.

Und die restlichen Mitfahrer hatten inzwischen wohl etwas Zeit gehabt und gelernt.

Acht Angebote von 36 bis 180 PS bekamen wir. Und es wurde eine ruhige, preiswerte Reise.

Leider hatten wir uns verplappert – wir wollten nur bis Mölln, hatten wir gesagt.

Ab der für uns letzten Schleuse waren wir demzufolge auch wieder allein. Fünf Kilometer und drei Stunden Vollgas.

Und natürlich hundert Stunden Maikäfer im folgenden Winter, aber dann auch Grundierung und Antifouling nach System.

Einskommafünf Kubikmeter Mist hingen unter dem Rumpf, kleine Krebse, Fische und sonstiges Getier inklusive, als der Kran uns aus dem Wasser hob…

– da kann der beste englische Außenborder nicht dran vorbei.

ANHANG

Ab Pagensand lief die Tide mit. Der Ostwind, ohnehin schon frisch und sonnig, beschleunigte uns auf ungeahnte Werte, die Fahrt über Grund gefühlt kaum noch stadtverkehrstauglich. Das Segeln im Angesicht der angeblich überhaupt gar nicht strahlenden Wunderwerke angestrengter Technikgläubigkeit an der Unterelbe wurde zum Geschwindigkeitsrausch, doch das dicke Ende hat man ja schon vor Augen.

Paralysiert starrt der Segler auf die Lichtsignale des NOK-Schleusenmeisters, ebenso schnell, wie man sich gerade erst über die enorme Fahrt über Grund freute, stößt man an die Grenzen seiner guten Erziehung, wenn man im Wartegebiet oberhalb der Alten Schleusen versuchen soll, bei ablaufendem Tidenstrom und kräftigen Ostwinden, seine Warteposition unter Segeln zu verteidigen. Heftig gurgelt der Strom um die Dalben und Pfähle, und man hat seine liebe Not, neben dem Segeln und Ausweichen den ersehnten Moment nicht noch zu verpassen, wenn schließlich doch nach langem Kreuzen auf der Stelle das weiße unterbrochene Licht alleine übrig bleibt und dem Segler gnädig die Einfahrt zumindest in den Vorhafen verheißt.

Schoten gefiert, mit Brassfahrt und Mordstempo um die Ec… – was ist das!?!?!

Kaum kann auch nur das linke Auge um die vorspringende Spundwand herumlinsen, da sieht und hört man „Kartoffel-Kartoffel-Kartoffel…" den schweren Diesel des Schleppers mit dem Schlickrechen auf sich zuschwojen, denn auch der wird, kaum dass er den Steven in den Strom schiebt, mit Gewalt in Richtung Elbmündung gerissen, wodurch er, weil er ja auch noch Fahrt voraus macht, schlagartig bedrohlich nahe kommt. Zu irgendwelchen Beifallsbekundungen oder Drohgebährden ist keine Zeit auf beiden Seiten – es geht irgendwie glatt, der Vorhafen ist erreicht. Fragt sich natürlich, wieso wir „unterbrochen weiß" bekamen, obwohl der

Schlepper da noch herumharkte... Waren wir zu schnell da? Der Schlepper, der da den Grund des Vorhafens beinahe täglich von meterdicken Schlickablagerungen freizuhalten hat, konnte dank seines Anhanges nicht so, wie er wollte, und ich hatte bestenfalls so etwas wie Mitbestimmung über meinen Kurs über Grund, denn der Tidenstrom katapultierte mich irgendwohin. Und durch das bereits kräftig abgelaufene Wasser war von meiner niedrigen Warte nichts von diesem Schlepper zusehen gewesen, die Vorhafenmauern hatten ihn schlicht verdeckt.

Schleusen ist an sich eine schöne Sache. Ich schleuse gern, ich mag die Atmosphäre zwischen den hohen Mauern an den nassen, glitschigen Schlengeln, man kann nirgends so schön zwischen Routiniers von Panikschippern unterscheiden. Die einen mögen's, die andern haben puren Stress.

Nach dem Öffnen der kanalseitigen Tore bleibt dem Motorlosen nur der direkte Weg zum Yachthafen, aber der Nachmittag war lange schon nicht mehr neu und der Gedanke an frische Erdbeeren lockte. Außerdem kann man im Hafen am besten nach einem geeigneten Schlepper ausschauen. Spät am Abend gelang dann auch eine entsprechende Verabredung mit einer Crew aus zwei Überführungschauffeuren einer wirklich großen Segelyacht, naja, damals waren nun mal 50 Fuß deutlich beeindruckender als heute.

Am folgenden Morgen ging es zeitig los, ich verholte zu Fuß zum Heck des Schleppers, der bald darauf kräftig antaute und wir machten uns – mit mir nun selbst als Anhang – auf den Weg. Ich ließ mich bisweilen gern schleppen, man braucht so gut wie gar nicht zu steuern, legt das Ruder auf 2° Steuerbord und hat Zeit für andere Dinge, bauen, lesen, kochen, dösen, was man will.

Bei genauerer Beobachtung der Besatzung meines Schleppers, die aus zwei studentisch aussehenden Holländern bestand, fiel mir nur auf, dass die das gleiche taten wie ich: Bauen, kochen, lesen, dösen, was sie wollten – nur steuern wollte oder musste dort offensichtlich keiner. Dabei zog der kleine Schleppzug friedlich und präzise seine Bahn, wie auf Schienen ging es immer parallel zur rechten Uferböschung, stur und zuverlässig. Große und kleine Schiffe kamen entgegen, wir fuhren nicht sehr schnell, also überholten auch Schiffe – Kanalalltag, nur dass da vorne keiner am riesigen Ruderrad drehte, begann mich zu wundern.

Selbst durchaus nicht technikfremd – aber nicht an Bord, da gab es keine Elektronik – vertraute ich auf die Geisterhand auf dem Schleppenden Holländer.

Bis, ja bis in Höhe Gieselau-Kanal der Schlepper schnurstracks auf die linke Seite hinüberzog, grundlos, entschlossen und anhaltend. Mir standen die Haare zu Berge, und ich erwog loszuwerfen. Wir folgten nun also dem linken Ufer in respektvoller Entfernung, sauber, parallel und ebenso präzise. Es kam auch niemand entgegen, den es hätte stören können, und von achtern war auch kein Überholer zu sehen. So ging es Kilometer um Kilometer als „Geisterfahrer" am falschen Ufer entlang. Rechts von uns nur glänzendes, freies Kanalwasser.

Auch die Lotsenstation bei Nübbel wurde so passiert, die Angler am Ufer wunderten sich vielleicht ein wenig, sonst geschah nichts.

Eben vor der großen Kurve bei Westerrönfeld ging das Gespann dann endlich wieder auf die richtige, die rechte Seite hinüber. Nicht aufgeregt, nicht von Menschenhand gesteuert, einfach so. Kurz darauf kam wie verabredet auch wieder eine ganze Sammlung von Gegenverkehr, aber alles war ja auch wieder in bester Seeschifffahrtsstraßen- und Kanalordnung.

Bei der bekannten Bunkerstation an der Rendsburger Kanalpier kamen die Holländer dann nicht kommentarlos vorbei. Der Kreishafen bot hier einen Anziehungspunkt für viele Yachten, die Tankstelle. Nun gut, gegen ein Eis hatte ich auch nichts.

Als wir also so auf der Pier stehen und ich mir in der Sonne das Eis auf die Hose kleckern lasse, frage ich nach dem eigenartigen Kurs ab Gieselau, und wie denn überhaupt das Schiff seinen Kurs fände.

Naja, man war nicht das erste Mal auf dieser Tour unterwegs, und da hatte man im Vorjahr die Wegpunkte alle auf Diskette gespeichert und war die einfach wieder abgelaufen. Diskette? Das war damals, 1993, wohl ganz aktuell, und smarte Navigationscomputer mit anderen Datenträgern waren noch schier unbezahlbar oder nicht erfunden.

Und was die falsche Fahrwasserseite anging: Im Vorjahr war eine Großbaustelle auf dem NOK gewesen, am rechten Ufer, und deshalb hatte man seinerzeit eben links fahren müssen.

Das hatte sich der superschlaue Navigations-Computer nun mal so gemerkt…

NACHT

Ein langes Bein lag fast hinter uns – von Middelfart bis Mjelsvig brauchten wir schon ein paar Stunden – und als östlich von Bårsø auch noch der Wind fast einschlief, begann es dämmrig zu werden. Der wunderschöne Sonnenuntergang, der sich über Stunden hinzuziehen schien, das glatte Wasser des Kleinen Belts, ein neugieriger Schweinswal, der mit seinem vernehmlichen »Pffffffff!« alle paar Minuten die einzige Lärmquelle war, da konnte man schön ein umfangreicheres Abendessen kochen und sogar am Cockpittisch genießen, weil das Segeln ohne den rechten Wind ja zur Nebensache geworden war.

Die Einfahrt zur Dyvig musste man dann schon eher ertasten, denn eine Neumondnacht ist auch im August nicht viel heller als im Februar – nur eben kürzer. Der helle Schatten des Gehöftes am Südufer kroch langsam näher, vereinzelte Ankerlichter hinter der Landzunge, die die Vig von Norden her beinahe verschließt, boten keine nutzbare Orientierung beim Einlaufen, denn sie verschoben sich gegeneinander scheinbar planlos. Nun ist es ja wahrlich keine Kunst, einen Jollenkreuzer bei flauem halben Wind durch's Nadelöhr zu fädeln, die einzige wirkliche Gefahr ist, eine der mikroskopisch kleinen Fahrwassertönnchen mit dem Vorschiff laut- und erschütterungslos aus ihrer Ruheposition zu rangieren, sofern man das Pech hat, so genau zu navigieren.

Ein einheimischer Fischer mit seiner Pöttt _–_ Pöttt _–_ Pöttt-Jolle kam auch noch aus dem Dunkel heraus entgegen, natürlich unbeleuchtet, aber dafür ja gut hörbar. Er wollte wahrscheinlich mal eben zu seinen Stellnetzen, die er und seine Kollegen als fein gesponnenen Draht- und Netzverhau entlang der Küste aufstellen. Wir sahen ihn erst, als sein heller Rumpf durch den roten Sektor unserer Petroleumpositionslaterne angeleuchtet wurde, um sich dann schließlich, leichten Benzindunst und kräftigen Fischgeruch hinterlassend, in der Schwärze wieder aufzulösen.

Ein Schemen nur, eine Erscheinung. Dann durch die Enge, der scharfe Knick des Fahrwassers nach Nordosten, da an Steuerbord ein Licht! – das war eine gemütliche Lampe auf dem Sideboard im Wohnzimmer des Bauernhauses auf dem Südufer…

Dann wieder tiefdunkles Schwarz.

Ich weiß, wie's weitergeht. Nach ein paar hundert Metern Kursänderung um 60 Grad nach steuerbord in die Mjelsvig, dort sind dann ehedem rote und grünliche Gummibälle wie aus der Gymnastikhalle, die die Fahrrinne markieren. Nach Dyvig wollten wir nicht, eher in der Mjelsvig ankern, niemanden stören, dem Schlafbedürfnis nachgeben. Ein paar Dutzend Schwäne dösen – den Kopf im Rückengefieder – unter dem Waldufer vor sich hin, der Wachhabende hebt den Kopf, als wir lautlos und ganz langsam in zwei Metern Entfernung an ihm vorüber kriechen. Kraftloses, überraschtes und fast nicht ernst zu nehmendes, unentschlossenes Fauchen. Ein paar andere Yachten liegen hier herum, ob ihres Tiefgangs in weitem Abstand vom Ufer – wir gleiten hindurch bis fast unter die Baumkronen. Das Schwert zeigt noch keine Grundberührung, ich gehe nach vorn und mache den Anker klar, der immer in seiner Bedding auf Deck ruht.

Ein gleißender Lichtstrahl. Hell wie Sonnenlicht. Blindheit. Nichts geht mehr. Ein Nachbarschiff, mindestens fünfzig Meter weiter. Sind die blöd???

Ich zische hinüber: »Was soll das? Mach' das Licht aus!«

Keine Antwort. Stattdessen streicht der Lichtstrahl in voller Schärfe über unseren Rumpf, die Segel, blendet unerhört. Keine Reaktion – nur Helle.

Nach unendlich langer Minute wird's mir zu dumm. Ich taste mich nach achtern, fingere den Handstrahler aus dem Schwalbennest. Spot an!

Gebölke vom anderen Ende des Lichtbalkens. Dabei habe ICH nicht mal auf deren Schiff gezielt, sondern nur in die vermutete Takelage. Aha, also leider doch ein Segler, dachte schon…

Kein weiterer Dialog, Sekunden später Licht aus, beidseitig. Fertig ankern, Segel bergen, auftuchen, Schwert ganz hoch, Ruderblatt auch ganz hoch und mit dem Ruderfall sorgfältig gesichert. Kuchenbude bauen, das übliche Spiel. Und schlafen.

Tiefschlafphase.

Ein Plätschern. Ein Quietschen, Gummi an Lack, Schaben irgendwo. Halbschlaf.

Wieder still. Eine Ente quakt. Der leise, gurgelnde Schlag eines Paddels.

Täuschung? Tiefschlaf.

Späte Morgenstunde – Frühstück mit aufgebackenen Rundstykkern noch aus Middelfart, Kaffee, lecker. Noch zwei Tage – »Sønderborg heute?«

Ankerauf, Segelsetzen. Schwert 'runter, Ruderblatt 'runter, also das Ruderfall lösen – das Ruderblatt dreht sich und Platsch! ist weg. Nicht heruntergeschwenkt wie ein anständiges, stählernes Jollenkreuzerruderblatt, sondern richtig weg! Das gibt's doch gar nicht!

Himmeldonnerwetternocheinmal.

Segel wieder 'runter, Wriggriemen als Ruderersatz und einstweiliger Antrieb, dann mit dem Außenborder um die Ecke nach Dyvig. Ich brauche jetzt einen klaren Kopf, Material, Werkzeug und ein neues Ruderblatt.

Reichlich 200 Messingschrauben 4x40 Senkkopf, Kauresin-Leim aus dem eigenen Fundus, die Steuerbordkojen-unterlage aus 6mm-AWhundert-Sperrholz, ein Brett aus der Backbordkoje, Säge, Hobel, 12 Schraubzwingen, alles dabei, Augenmaß, Überlegung, Schweiß, Muskelkater. Stolz das neue Ruderblatt, profiliert, geleimt und verschraubt mit dem Ruderkopf am Spiegel eingehängt, es hielt für den Rest der Saison.

Bleibt die Frage: Wer macht so etwas? Blendet den einlaufenden Nachbarn und klaut ihm danach noch den Gelenkbolzen aus dem Ruderkopf? Richtig witzig ist das nicht.

Ich segele immer noch begeistert nachts, das Navigieren macht Spaß, es trainiert die Sinne, es ist bisweilen sehr romantisch – ich erinnere mich da an das Bild des Finnwals in der Alsen-Förde, der mitten in der Mondstraße ausblies – zum Heulen schön…

Neubau des Decks einschließlich Schergang 1993

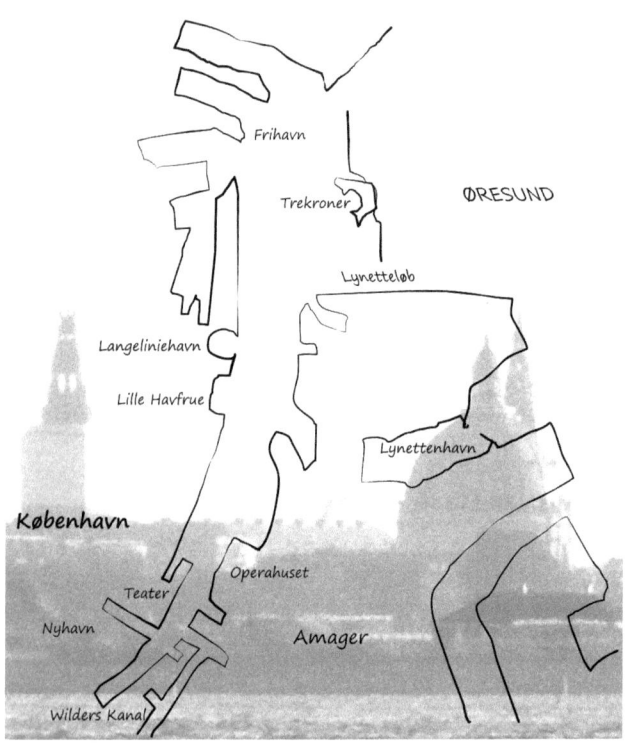

Frihavn

ØRESUND

Trekroner

Lynetteløb

Langeliniehavn

Lille Havfrue

Lynettenhavn

København

Operahuset

Teater

Nyhavn

Amager

Wilders Kanal

BEINAHE

Irgendwann werden wir alle weich – die einen früher, die anderen später. Das gilt auch für die Planken eines hölzernen Schiffes, und da hilft auch nicht, dass sie aus vermeintlich tausend Jahre haltender Eiche sind. Aber mit der Dauer von tausend Jahren hat sich ja schon so mancher trefflich geirrt – die INSEL ist Jahrgang siebenunddreißig.

Nach fast sechzig Jahren waren etliche Planken im Boden der INSEL nun so weichgesegelt, dass ihr Austausch unaufschiebbar wurde.

Weil ich zwar selbst schon erfolgreich Planken getauscht hatte, aber die Zeit und Räumlichkeiten ausgesprochen knapp waren, sollte ein mir leider unbekannter Bootsbauer diese Aufgabe lösen.

Aus irgendwelchen Gründen wurde es nicht wirklich zu einer guten Entscheidung – nach erfolgter Absprache im Herbst und untätig verstrichenem Winter nahte bereits die folgende Sommersaison, und nichts geschah. Die Ausreden wurden blumiger, aber die Planken nicht besser. Alle erdenklichen Hobbyfreunde hatten schließlich ihre Schiffe zu Wasser gebracht, erzählten von ihren ersten schönen Sommertouren – die INSEL lag an Land. Mich packte, was selten ist, die Wut. Selbsthilfe betäubt solche Gefühlslagen ja bisweilen einigermaßen, also begann ich zumindest schon mal mit dem Ausbau der alten, nicht mehr quellenden Planken, immerhin waren es acht im Unterwasserbereich, denn mit den alten zu segeln, war mir nicht geheuer.

Dazu musste das Schiff vom Trailer auf den Hallenboden, dann auf die Seite gedreht werden – ich hatte ja mal „Flzzcaraldo" im Kino gesehen, also ging auch das „zu Fuß" und einhand, ohne schwere technische Mittel außer einer Zahnstangenwinde, Kanthölzern, Gurten, Taljen und ein wenig Überlegung. Nach einem Tag stand die alte

Dame jedenfalls um 100° gekrängt und abgesichert in der Halle, der Spaß konnte beginnen.

Einigung wurde erzielt: Ich baue die alten Planken aus, sodass sie noch als Modell zu brauchen sind, ich besorge das Holz für die neuen Planken, „er", der Bootsbauer, baut sie ein. Deadline Anfang August, dann unausweichlich: Urlaubstörn in Dänemark.

Endlich kam Bewegung in die Sache, alle anderen segelten schon Richtung Belte und Sund, ich saß auf Kohlen, die INSEL wurde endlich beplankt. Und wie! Bald kam die Frage auf: Nieten oder Schrauben? Schrauben ist schneller und billiger, wenn man's richtig macht. Also schrauben. Die Methode hatte sich bei früheren Planken bewährt, konnte also so schlecht nicht sein, wenn man die richtigen Schrauben nahm.

Anfang August war der Rumpf wieder zu. Farbe drauf und 'raus.

Alles wieder gut, fertig lackiert, urlaubsklar auf den Trailer und ab nach Holbæk. Schöne Tage mit endlich wieder dichtem Schiff auf dem Ise- und Roskildefjord, dann über Gilleleje in den Sund nach København. Ach, war das gut, endlich eine Zeit auf dem Wasser, allerbest.

An einem Samstagnachmittag liefen wir in den Hafen von „Wonderful Copenhagen" ein.

Eine beeindruckende Umgebung, das muss man sagen. Die Schnellfähren nach Schweden donnerten vorbei, die Ausflugsdampfer schaufelten sich und die Touristen durch den Hafen, ein Dutzend Söhne reicher Kopenhagener Väter bretterte und schäumte mit Vaters hochmotorisierten Daycruisern hinterdrein und überbot sich im Erzeugen von unnützem Schwell und Lärm. Dazu ein, zwei Feeder mit Containern, richtig was los. Nie hatte ich solches Wasser gesehen, nie hatte das Schiff je seine Nase dermaßen weggesteckt wie dort.

Unglaublich die kurzen, steilen Seen, eine Dusche nach der anderen, Fluchtgedanken kamen auf. Bloß weg hier! Aber sie war ja so schön anzusehen, diese Stadt mit ihrem Panorama.

Dann kam die Wand. Eine Wand aus Wasser, ein Mini-Krawenzmann. Grünes Wasser bis auf die Kajüte, das am Schiebeluk aufbrandete. Keine Fahrt mehr im Schiff, als wären wir mit 6 kn Fahrt gegen eine Mauer gerasselt. Alles nass.

Ausnahmsweise also doch den Motor an, da! An Backbord geht's in den Christianshavn Kanal, schließlich Segel runter und Sightseeing. Was für ein herrliches Gewässer in pittoresker Umgebung, diese Kanallandschaft in der Großstadt. Vorbei an alten Schiffen, modernen Yachten, klotzigen Motorschlitten und allerlei offenen Ausflugs-prähmen fanden wir schließlich eine Box in Wilders Kanal, die großstadtgerecht schräg angeordnet war, sodass man wohl eher von einem „Parkplatz" sprechen müsste.

Doch was war das? Die elektrische Lenzpumpe lief, sie lief, und sie hörte damit gar nicht auf. Erster Verdacht: Etwas hat sich unter dem Schwimmerschalter verkeilt. Das war aber nicht der Fall. Stattdessen platschte es komisch beim Betreten des Bodenbrettes im Niedergang.

Fazit:

Das Bodenbrett SCHWAMM offensichtlich. Wann aber schwimmen Bodenbretter? Wenn Handlungsbedarf besteht. Also das andere Bodenbrett angehoben – dort sprudelte es mächtig. Nicht, dass Sie sich jetzt eine einzelne, spezielle Stelle vorstellen, an der es freundlich plätschernd sprudelt. Eine spezielle Stelle in dem Sinne gab es nicht. Es gab vielmehr eine meterlange Zone, genauer gesagt, eine drei-einhalb Meter lange Zone, in der das Wasser hereinströmte!

Zwei neuen Planken war es wohl zu eng geworden – eine davon hatte sich einseitig von den Spanten und Bodenwrangen gelöst und dachartig nach unten aufgestellt.

Sollten wir etwa hier, mitten in der dänischen Metropole, auf diesem Parkplatz in den Keller gehen? Nein, niemals, aber was tun? Der Kran, in dessen Nähe wir gerade zu sinken drohten, war defekt. Zu nichts zu gebrauchen.

Also erst einmal alle wichtigen Sachen von Bord. Ein Taxi gerufen, dasselbe beladen und zum Hauptbahnhof geschickt, sicher nur für solche Fälle gab es dort damals noch eine funktionstüchtige Gepäckaufbewahrung. Dann: Wo ist denn ein Kran, der helfen könnte, ehe die INSEL ganz versinkt?

Na, was nun kam, war die seltsamste Reise, die ich je mit diesem Schiff machte: Um nichts mehr loszurütteln, konnte ich den Motor nicht mehr gebrauchen. Also segelte ich aus den Kanälen hinaus, mit zwei Pumpen ständig lenzend, und immer an den Dalben zum Marinehafen entlang, damit, falls das Unaussprechliche doch geschah, die alte Dame wenigstens nicht im Fahrwasser zu liegen käme!

Ich muss sagen, ich habe wohl doch etwas Angst gehabt, genau das könnte passieren, vom schönen Metropolpanorama sah ich nichts mehr, ich zählte nur die Dalben, pumpte, segelte mit ständig tiefer sackendem Schiff, pumpte, kreuzte durch die Hafenausfahrt hinaus in den abendlichen Øresund…

Der nächste erreichbare Kran war nämlich der im „Lynetten", im Margretheholmshavn an der Außenseite der Insel Amager, wozu ich erst einmal am ganzen Marinearsenalhafen, an der ehemaligen Werft von B&W vorbei, um die Tanklager herum musste, immerhin noch eineinhalb Stunden mit zwei Sorten Schweiß auf der Stirn, denn die Situation war mehr als kribbelig und das Pumpen kein Vergnügen.

Im Yachthafen stand der Kran, ein richtig stabiler Kran, erfreulich unbenutzt da, sodass ich das gut gewässerte Schiff sogleich in das Hebegeschirr bugsieren und vor weiterem Sinken bewahren konnte. Nun konnte sogar langsam aber sicher der Wasserstand im Schiff gesenkt werden, indem der Kran einen Teil der Last aufnahm, und nach ein paar Stunden langsamen Anhebens auf normale Schwimmhöhe konnte sogar noch an Bord genächtigt werden!

Der Rest ist schnell erzählt. Der Trailer stand ja in Holbæk, aber, zugegeben, das Aufladen war mit den nach unten herausragenden Planken etwas schwierig, der Rücktransport gelang dennoch. Ebenso der Einbau neuer Planken mit Nieten und Bolzen in der richtigen Dimension. Es war einfach am falschen Ende gespart worden, man hatte die falsche Schraubensorte „noch liegen gehabt" und dann eben benutzt, ohne weiter nachzudenken. Kunst kommt eben doch nicht von Wollen.

Und das richtige Material zu verwenden, gehört dazu.

Seitdem mache ich doch wieder alle Bootsbauarbeiten selbst.

FIGUR

Von Lundeborg in Richtung Süden geht es immer erst einmal schön an der Küste entlang. Bei hartem Wetter aus West hat man hier zunächst einmal einen erfreulich ruhigen Ententeich, kann in aller Seelenruhe am niedlichen Leuchttürmchen Elsehoved vorbeisegeln und sich seelisch auf das Unvermeidliche einstellen. Ungefähr eine Stunde nach dem Auslaufen weichen die Ufer so langsam gen Westen zurück und geben eine tiefe Bucht frei, um sich dann letztmalig mit dem Oststrand der Insel Thurø dem Segler wieder anzunähern, der hier allerdings wenig von dieser Nähe hat, weil er eine lästige Untiefe mit Ooosttonne zu umschiffen hat, die ihn sehr viel Höhe kostet, wenn er bei nämlichem Westwind in den Svendborg-Sund einkreuzen will. So kennt der Segler diese Ecke.

Auch wir waren nach mehreren Tagen des Aufliegens wegen Starkwinds am Morgen – ehrlich gesagt, für die anderen war es schon Mittag – in Lundeborg ausgelaufen, der erstmals als abflauend versprochene Wind lockte uns, es der kleinen Armada nach Süden drängender Schiffe gleichzutun. Mit fünf Reffumdrehungen im Großsegel und der kleinen Fock hatten wir uns vorsorglich etwas konservativ betucht und gegen das gewappnet, was laut Vorhersage eigentlich schon gar nicht mehr kommen sollte.

Immer auf der sicheren Seite, diese Devise hatte uns immer behagt, und mit einem kenterbaren Schiff hat man auf See eben keine große Wahl.

Nach Tagen des erzwungenen Ausruhens genoss ich die schnelle Fahrt, das rauschende Wasser auf dem Leedeck und die vereinzelten Sonnenstrahlen, die sich mutig zwischen die abziehende Rückenseitenbewölkung und die bereits angekündigte Okklusionsfront drängelten. Ein Wunder geradezu an solchen Tagen, dass Sonnenstrahlen immer noch geradeaus zu scheinen scheinen...

Es ging flott und guter Dinge bis zum südöstlichsten Ausläufernasenzipfelspitzenriffsandbankende vor Thurø, als nun wirklich gar nichts mehr Schutz bieten konnte. Dann begann die leidige Kreuz, die der Schöpfer oder die Eiszeit vor die leckeren Cremeschnitten in Per's Svendborger Konditori gesetzt haben. Per aspera ad astra, wusste ja schon der lateinische Volksmund zu weissagen, und der hat ja leider meistens recht gehabt.

Es gibt Ecken in Dänemark, da herrscht entweder immer Wind gegen Strom, oder Strom gegen Wind oder umgekehrt, oder es ist vollkommen egal, denn die Welle ist ab einer bestimmten Windstärke einfach immer mehr als unangenehm. Diese hier, harmlos „Lunkebugt" genannt, gehört wohl dazu. Ab geht die wilde Fahrt – 'rauf auf die Wellenberge, runter, Böen, Regenböen auch gern, es ist die reine Werbeveranstaltung. So auch dieses Mal wieder. Alle bekommen die Hucke voll und keiner hat's gebucht.

Die südgehende Prozession teilt sich sehr schnell auf in drei Gruppen.

Eine große, die größte Gruppe entscheidet sich für „Segel weg und Hebel auf'n Tisch". Die futtern dann schon Cremeschnitten, ehe der Rest noch gar nicht ganz nass ist.

Sie kommen von achtern auf, noch brav unter Segeln, um schon beim Verlassen des Landschutzes Anzeichen von Unsicherheit auszusenden, ehe sie überhaupt die Untiefentonne erreicht haben. Dort wird dann festgestellt, dass der Wind ja genau von Valdemarslot herkommt, dass die Wellen der Kaffeekanne das Laufen beibringen und der Scheibenwischer gar nicht so recht gegenan kommt. Vom Boot unter Segeln allein ganz zu schweigen. Da gibt es dann kein Zögern – runter mit den Plünnen oder besser: weggerollt, und dann mit ordentlich Musik unterm Brückendeck Kurs West.

Und weg sind sie.

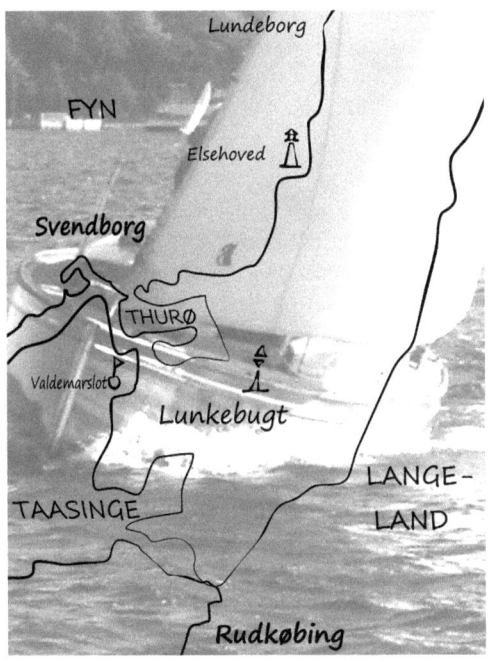

Die zweite Gruppe muss offensichtlich erst einmal Erfahrungen sammeln und sortieren. Man geht an den Wind, belegt die Schoten so, dass es da oben nicht so laut killt, und dann schaut man, was der Motor denn so dazu sagt. Der sagt einiges und es geht recht flott voran, allein der Lärm der doch immer wieder killenden Segel, der gequälten Verbände, des Motors und der gepeinigten Besatzung ist so zermürbend, dass der lockende Ausweichhafen Rudkøbing, dessen kühner Brückenbügel so gut zu sehen ist, einen unwiderstehlichen Sog entwickelt:

»Müssen wir uns das hier eigentlich antun? In Rudkøbing waren wir doch auch schon lange nicht mehr – da war es doch auch schön, Du immer mit Deinem ollen Svendborg Sund, der Stadthafen ist immer so laut, weißt Du noch, der eklige starke Strom unter der Brücke, ich hab' keine Lust, hier gegenan zu bollern, Heinz, kannst Du denn nichts machen, ich will aussteigen, warum machen wir nicht mal im Süden Urlaub wie die Warnkes nebenan – immer Dein doofes Boot..!« Ohne Luft zu holen.

Dann wird abgefallen, die Schoten werden gefiert, der Motor schiebt, und mit Lichtgeschwindigkeit beamt sich Schrotti dann nach Rudkøbing, um dort festzustellen, dass das Einlaufen dort in der Stromzentrifuge vor dem Hafen auch nicht ganz so zuckersüß-super-banane-einfach ist wie gedacht.

Und die dritte Gruppe?

Ein einziger, kleiner, alter, hölzerner Jollenkreuzer ist auch an der Thurø-Osttonne an den Wind gegangen, kann mal gerade den gegenüber liegenden Wald so einigermaßen anliegen, und boxt sich nun gottserbärmlich durch die Wellen. Die Fahrt durch's Wasser ist gar nicht mal so schlecht, auch die Krängung haben die völlig im Griff, immer mit 'nem Schrick so an der Kante halten, das ist am (relativ) trockensten, aber die Wellen sorgen für Abdrift, da kann man nicht dagegen halten. Drüben angekommen und schon etwas abgekämpft, hat man kaum etwas gutgemacht, kann sich aber nun für einige Minuten im Landschutz unter dem Waldufer ein wenig verpusten. Mit Nordnordwestkurs geht es wieder auf Thurø zu, hoffentlich wenigstens in den Landschutz! Der Strom setzt westlich und gleicht den Versatz durch die Wellenberge aus. Hoffentlich verstopft die Lenzpumpe nicht!

Als wir die Kurse der anderen wieder einmal kreuzen, frage ich mich, ob die es so viel besser haben – wir werden wenigstens nicht ganz so durchgeschüttelt.

Der Lohn der Mühen stellt sich nach der dritten Wende ein, als wieder nordwestlicher Kurs gesegelt wird, jetzt sind die Wellen nur noch halb so hoch, wer sagt's denn? Hast Du mal auf den Tidenkalender für Svendborg geschaut? Hättest Du's – wüsstest Du: Es mag ja sein, dass Du jetzt die Lunkebugt besiegt hast…

Aber jetzt, wo es richtig eng wird, mein Lieber, hast Du Gegenstrom – bedank' Dich beim Mond! Ebbe und Flut in der Ostsee…

Als wir das Valdemarslot querab haben, sind die Tonnen schon richtig geneigt, zeigen auf uns, wie hämische Zeichen unseres Pyrrussieges. Die mit ihren starken Maschinen hatten noch den Strom mit sich, bis sie an der Konditorenbrücke im Stadthafen angelegt hatten. Wir, die „überlegenen" Segler, dürfen jetzt die Neerströme der Randgewässer erkunden, um doch noch irgendwie vorwärts zu kommen. Die zackigen Böen zwischendurch fahren wir mit mindestens so zackigen Manövern aus, nutzen jeden Winddreher, schnippeln über die flachen Zonen, verhungern beinahe in der Abdeckung des waldigen Innenfjords und kommen ziemlich abgekämpft, aber erhobenen Hauptes, schlank und völlig cremeschnittenresistent in Svendborg an. Und Per Konditor hat schon Feierabend.

Aber einen schönen, idyllischen Liegeplatz bekamen wir – schön schmal, so schmal, da kamen die anderen wohl dank ihrer Cremeschnitten gar nicht hinein.

Und Cremeschnitten? Die sollen ja auch furchtbar dick machen.

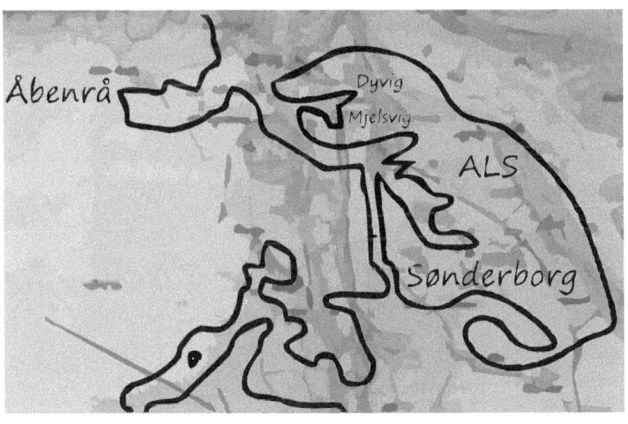

BESCHEUERT

Ein herrlicher August nahm und nahm kein Ende. Abend für Abend setzte ich im Als-Sund Segel, immer die gleichen für immer den gleichen, beinahe schon maschinell erzeugt wirkenden Südost mit täglich gleicher Stärke, immer so um die drei, vielleicht einen Tick mehr. Was schon Ende Juli begonnen hatte, wurde mit der Zeit keineswegs langweilig, sondern eher zur Gewohnheitssucht, ein Abend ohne diese herrlich entspannte Segelei schien kaum noch vorstellbar.

Ich glaube, so etwas erlebt man genau ein Mal in einem Seglerleben, zumindest außerhalb der Passatzonen. Und einen konstanten Schlafmangel war es allemal wert – tagsüber in der Firma bis gegen 18 Uhr, dann nichts wie hin zum Schiff, immer die gleichen, geliebten Handgriffe, SegelnSegelnSegeln, zwischendurch etwas zu Abendbrot im Abendrot, dann die nicht enden wollende Dämmerung, das Warten auf den Kollegen Wal, der in just jenem Monat die heimischen Gewässer nicht verlassen wollte oder konnte und bereits zum Medienereignis avanciert war.

So ein richtiger Wal war das, kein Schweins-, ein Finn-Wal für mindestens zwei bis drei Personen. Er schien sich mittlerweile auszukennen, suchte auch immer wieder die gleichen Kurse, und für mehrere Tage erschien es wenig ratsam, ab Arnkils Øre westlich zu segeln, weil es dort recht tief ist und er dort gut navigieren konnte.

Also segelte ich Abend für Abend südlich in Richtung auf Augustenborg zu, in jenen reizvollen, walunfreundlich-flachen und völlig unbeleuchteten Fjord hinein, der direkt neben der „Autobahn" Als-Fjord und -Sund so herrlich unbeachtet daliegt und doch auch gern besegelt werden möchte.

Hier hat man trotz der Dunkelheit auf dem Wasser seine Wegweiser in Form der Flugplatzbeleuchtung, und seinerzeit – vor dem Bau der Beltbrücke – gab es noch reichliche Flugverbindungen von Sønderborg in die Hauptstadt. Dadurch war es zwar nicht ganz so still, aber man hatte seine Orientierungshilfen, wenn die zweimotorigen Wikinger-Mühlen zur Landung ansetzten – denn Kartenplotter gab es nicht nur auf der INSEL nicht, es gab sie einfach ÜBERhaupt noch nicht. Viele können sich das heute gar nicht mehr vorstellen – wir reden vom Jahr 1997!

Eines Abends irritierte mich etwas voraus. Zu sehen war gegen den dunklen Himmel nichts. Vielleicht eine seltsame Wellenformation, eine Stromkabbelung? Kein artfremdes Rauschen oder Flüstern, kein ungehörter Laut. Dann leise Stimmen irgendwo. Zu sehen – nichts. Meine Positionslichter schmauchten vor sich hin, ab und zu angesteuert von einem verirrten Nachtfalter, der sich bei einem Verwandtenbesuch vielleicht verflogen hatte oder zu spät und beduselt aus der Falterkneipe im Stevning Nor schwer torkelnd nach Hause flog. Wieder Stimmen, aber nichts zu entdecken. Ich war gerade bereit, das Gehörte als akustische Fatamorgana abzutun, da schor ein großes Etwas, schwärzer noch als die Schwärze um mich herum, dicht und massig an unserer Steuerbordseite entlang. Mein Bug planschte in eine fremde Bugwelle. Ich konnte gerade noch geistesgegenwärtig die Großschottalje als Ganzes packen und nach Luv reißen, da war es vorbei.

Erschrockene, erstickte Ausrufe im Dunkel. Ich ahnte ein Tjalkheck. Irgendetwas holländisch klingendes. Kein Licht, kein Schimmer, nichts. Da: Eine Zigarette glimmt auf. Die haben die Ruhe weg. Fünf Meter weiter westlich wären wir zu Kleinholz gesplittert, ich selbst zur Schiffswaisen gerammt worden. Einen solchen Stoß hätte kein leicht gebauter Jollenkreuzerrumpf weggesteckt. Mann!!!

Aber nichts war passiert. Kein Härchen gekrümmt, keine Schramme, nichts. Eine schwarze Tjalk mit dunkelbraunen Segeln in mondloser Nacht in unbeleuchtetem Fahrwasser und ohne die leiseste Andeutung einer Positionsbeleuchtung. Ich hoch am Wind, sie raumschots. Damit muss man also rechnen.

Nicht jedoch mit Folgendem:

Einer der nächsten Abende war ein Samstag, und Freunde hatten mich ermuntert, die zum Besuch anwesende, durchaus ansehnliche Nichte samt deren Freund, beide rechtschaffene, „R"-rrrrrollende Landratten aus dem deutschen Mittelgebirge, doch einmal mitzunehmen auf eine meiner nächtlichen Touren. Gern hatte ich eingewilligt, eine Abwechslung konnte auch ich gern einmal haben.

Der Ablauf war wie immer – abgesehen vom Kapitel mit der Tjalk, aber das war ja wohl hoffentlich einmalig – und die Kurse die üblichen, bis wir gegen ein Uhr morgens hoch am Wind den Als-Sund hinuntersegelten, um zum Liegeplatz zu gelangen. Die Zweifarbenlaterne glühste wieder auf dem Vorschiff, das Hecklicht warf seinen Schein von seinem Platz über dem Spiegel in die Nacht hinter uns. Herrliche Ruhe und Frieden hatten auch meine Gäste in ihren Bann gezogen, man war begeistert.

Plötzlich, beim Schloss Sandbjerg querab, ein klirrendes Scheppern auf dem Achterdeck, dann ein unerklärliches Gewusel und Peitschen wie von heftig schlagenden Tampen im Fußraum des Cockpits. Vermutlich vollkommen synchron sprangen wir drei auf die Duchten, niemand konnte sich das Schau- und Hörspiel erklären.

Eine Taschenlampe entlockte ihrer Batterie die letzten Milli-Ampére und das funzelige Licht zeigte einen sehr langen, aalartigen Körper, der im Cockpit wüst um sich schlagend hin und herschnellte. Ein erschreckend wehrhaftes Maul mit scheinbar Hunderten von spitzen Zähnen war aufgerissen und drohte jedem Finger, der sich genähert hätte. Das ebenso touristisch wie reportageorientierte Mädchen schoss mit seiner Ritschratschklick noch schnell ein augenunfreundlich blendendes Blitzwürfelbeweisfoto von dem Ungeheuer. Für zu Hause und die Nachwelt. Keine Ahnung, war das war.

Ich turnte in die Kajüte, holte ein Handtuch, warf es über dieses Dings und packte zu.

Angler werden sich jetzt kaputtlachen. Ich sah mein blut-verschmiertes Cockpit, die tausend Fischschuppen, die irisierend und schillernd das Holz bedeckten. Ich spürte in meiner Hand, die den Fisch umschloss, eine unglaubliche Kraft, ein lebendes Stahlseil. Ich wusste nicht, was ich tun sollte – und warf das Tier samt Handtuch kurzerhand über Bord. Keine Minute hatte dieser Spuk gedauert.

Danach kam nur noch das Anlegemanöver, Schiff aufklaren, Kuchenbude aufbauen und ab nach hause.

Am nächsten Tag war ich schon mittags am Steg, und Torben, einer der Nebenerwerbsfischer hantierte in seiner Jolle mit den Netzen. Ich ging zu ihm und schilderte, was ich erlebt und getan hatte.

»Er du tossed?!« war die ungläubige, einem Aufschrei gleichkommende Gegenfrage des Fischers – »bist du bescheuert?«

»Seit dreißig Jahren fische ich hier im Sund und habe so ein Ding bisher nur im Buch gesehen, das ist eine teure Delikatesse! Und dir fliegt der von allein ins Boot und du wirfst ihn über Bord?«

Es war ein Hornhecht gewesen – er sah betrübt auf die Schuppen und das Blut in meinem Cockpit – ein Fisch, der keine Gräten sondern Knochen hat, ein echter Leckerbissen und recht selten. Der war einfach ins Licht der Hecklaterne gesprungen, abgeprallt und als buchstäblicher Querschläger im Cockpit gelandet.

»So etwas wirft man nicht über Bord, das brät man und dann ist es lecker und hat grüne Knochen! – Mann!!«

Segler haben ja aber auch gar keine Ahnung.

LANGSTRECKE

Erfreulicherweise war wenigstens die Hotelrezeption besetzt. Mit den 20 Mark für die Sanitärschlüssel in den Händen besuchten wir noch schnell die Wespen im gerade öffnenden Bäckerladen, ehe wir uns kurz nach sechs Uhr in der Frühe unter Segeln aus dem Hafen von Damp schlichen. Sonst eher die letzten, die auslaufen, wenn die ersten schon in den Hafen drängen, hatten wir viel vor – so weit die Brise trägt, sollte es heute nach Osten gehen, morgen Abend mussten wir in Lübeck sein.

Als vorsichtiger Schipper hatte ich den Kurs über den Kieler Leuchtturm und die geringst mögliche Entfernung von der wagrischen Küste abgesteckt, und mit allem gebotenen Respekt wurde der Spinnaker gesetzt. Die Zeit war heute, was für Segler kenterbarer Schiffe auf See sehr ungünstig ist, eher knapp, wir mussten „Meilen fressen".

Frühstück nördlich vom Stollergrund, dann eine Lücke in der unendlich erscheinenden Schlange von Großschiffen, die sich zwischen Kieler Förde und Ostseeweg förmlich drängelten. In Rauschefahrt an der „alten Bekannten" am Gabelsflach vorbei ging es ostwärts, immer hübsch geschoben vom gleichmäßigen West, der uns gute Fahrt garantierte.

Letzten Endes erschien uns der Umweg, den man hier vom staatlichen Schützenverein aufgenötigt bekommt, und der das Gewässer für Schwertboote so schwer passierbar werden lässt, gar nicht so gravierend, wir kamen prächtig voran, hakten eine Warngebietstonne nach der anderen ab und schäumten Richtung Fehmarn.

Gerade als ich erzählte, wie wir hier seinerzeit mit unserem Piraten jämmerlich verhungerten, als wir durch's nur sonntags passierbare Schießgebiet hindurch gespinnakert waren, dann eben an genau der letzten Sperrgebietstonne der Wind schlagartig ausblieb und uns in der Dünung übelst schaukelnd gen Heiligenhafen paddeln leerte, passierten wir

die letzte Warngebietstonne und – der Wind blieb schlagartig aus! Finis. Abgeschaltet. Feierabend.

Der Spinnaker hängt im Wasser, das Großsegel schlägt wie wild, es ist zum Auswachsen!

Wieder etwas gelernt: Geschichte wiederholt sich doch, man weiß nur nicht wann und wie oft…

Nun haben wir es ja eindeutig besser, es gibt den treuen Engländer und so muss niemand paddeln. Sie kennen das ja schon: Luftschraube auf, Chokeklappe … einmal kraftvoll gezogen, and off goes the Post.

Den Benzinhahn habe ich nicht erwähnt. Hätte ich aber wohl tun sollen, denn der zeigte sich beleidigt. Jedenfalls waren die vier Liter kostbaren Benzins im Tank auf dem Motor irgendwie verblüffend schnell weg. Na gut, da ich damit rechnete, dass irgendwann die Abendbrise kommen und den Motor erlösen würde, füllte ich aus dem Fünfliter-Kanister nach, nach einer halben Stunde das gleiche Resultat, blubbb – leer. Jetzt wird es aber langsam ärgerlich knapp!

Da sehe ich, wie unter dem Benzinhahn ein feiner Strahl des teuren Tropfens, der jetzt in der Flaute so unersetzbar ist, an seinem vorgesehen Arbeitsplatz, dem Vergaser, vorbei ins blaue Meer rinnt. Das ist natürlich eine Riesensauerei! Zu Ihrer Beruhigung: Ich benutzte ausschließlich bleifreies Benzin und biologisch abbaubares, politisch korrektes Außenborder-Salatöl, auf das sich diverse Mikroorganismen im Wasser laut Herstellerangaben förmlich stürzten, aber wohl war mir bei dem Gedanken keineswegs, abgesehen von der Möglichkeit, dass da ja eine gefährliche Brandlast auf einen Zündfunken wartete.

Ich baute den Motor ab und bastelte aus verschiedenen Ersatzteilen, die unter anderem dem Kocher gewidmet waren, einen dichten, wenn auch nicht abschaltbaren Anschluss für den Brennstoffschlauch. Nun musste nur noch die Luftschraube entsprechend früh geschlossen werden, um die Benzinzufuhr gegebenenfalls durch das Vakuum zu unterbrechen. Für den Moment ging das so.

Kaum war das fertig und der Motor lief wieder, um die letzten zwei Liter Benzin nutzbringend zu verwerten, kam Wind auf, herrlicher Nordwind, wunderbarer halber Wind! Ohne Lärm und mit Segelsausefahrt ging es nun in den Fehmarn Sund, um 18 Uhr war die Brücke bereits untersegelt, und die Ziele wurden wieder weiter gesteckt. Der Wind drehte freundlicherweise recht, blies uns bald aus Nordost um die Ecke und die Küste in Richtung Dahme hinunter. Herrlich! Da kann man doch in Großenbrode nicht einfach aufhören!

Also weiter, immer an der Wand lang.

Dahmeshöft ist ja auch so ein Quälgeist von Leuchtturm. Den sieht man ja eigentlich immer. Irgendwann schaut man schon gar nicht mehr hin, dabei ist er doch eigentlich für einen Leuchtturm sogar richtig nett. Irgendwann gegen Mitternacht kommen wir um die Ecke, und sehen Grömitz, das wir uns mittlerweile als „Tagesziel" ausgeguckt haben, herüberblinzeln.

Aber die Strecke zieht sich. Zieht sich so lange, bis wir irgendwann merken, dass der Mond verschwunden ist. Jetzt ist es wirklich ziemlich dunkel, nur Grömitz leuchtet uns „heim".

Ich war im selben Frühjahr auf einem Überführungstörn in Grömitz eingelaufen und kannte die aktuellen Verhältnisse. Ich wusste, da gibt es eine hohe Steinschüttung als Mole mit einer versetzten Einfahrt, die von einem Heer von Möwen weiß gefärbt ist. Nicht die Möwen selbst sind weiß, sondern das, was sie hinterlassen, wenn sie los fliegen.

Plötzlich ist das alles weg. Mond, Molen, Grömitz, Hotels, Promenade: weg.

Kein Licht mehr. Stromausfall. Und wir sind 50 Meter vor der Steinschüttung bei auflandigem Wind, der auch schon so merklich aufgebrist hat, dass die Wellen laut an die Steine klatschen. Die Möwen schreien aufgeregt, schließlich haben sie sich an die Beleuchtung ihres Nachtlagers ebenso gewöhnt, wie unsereiner davon ausgeht, dass dort eine Molenbefeuerung ist, die einem zeigt, wo's 'reingeht.

Einzige Orientierungsmöglichkeit ist noch das Gezeter der Seevögel. Die Taschenlampe reicht nicht weit genug. Wir laufen vor den Steinen hin und her, in geschätztem und hoffentlich sicherem Abstand. Horchen. Fast wie im U-Boot. Jetzt nach See ablaufen wäre eine Methode, bloß weg hier, weg von diesem ungastlichen Irrgarten. Aber der Wind nimmt zu. So deutlich, dass man es mit Händen greifen kann. Wir haben eine Stelle vor der Mole in Verdacht, dort könnte die Lücke, müsste die rettende Einfahrt sein. Dort ist es am stillsten, es klatscht keine Welle auf irgendwelche Steine, und die Möwenschreie kommen klar von deutlich weiter links und rechts. Ist es hier?

Da greift ein Autoscheinwerfer vom Ufer ins Geschehen ein. Sein Lichtstrahl blendet die Augen, aber er zeigt eindeutig genug: Hier geht's lang, abfallen, nur schnell! Jetzt ahnen wir das weiße Gefieder von Schwänen, die in der Einfahrt rasten, da ist das Licht schon wieder weg, aber wir sind im Hafen.

Großfall los, das Tuch kommt von oben. Unter Fock geht es zu den Stegen, und im Blindflug die erste Reihe entlang. Die Taschenlampe findet tatsächlich eine leere Box, ob „rot" ob „grün" ist um diese Zeit vollkommen egal!

Die Achterleine gleitet über den Pfahl, Hurra, landfest!

Da röhrt eine Bö durch die Masten im Hafen, wir können uns gerade fest halten und die restliche Segelfläche herunterreißen. Windstärke schwer schätzbar, aber wohl um sieben. Sieben Beaufort. Auflandig. Gar nicht lustig. Ein Regenschauer durchnässt uns und alles, was irgendwie im Cockpit liegt, binnen weniger Minuten.

Da geht das Licht wieder an – die Molenbefeuerung, die Steglaternen, die Promenade…

Man hört die Brandung bereits auf die Steinmole krachen – ich glaube, wir waren rechtzeitig im Hafen.

VERBORGEN

Dass ich wieder mal etwas spät loskam, lag einmal mehr an der Mischung von Interessen, die – jede für sich – ihr Recht einforderten. Ich war eigentlich aus nicht seglerischen Gründen nach Assens geraten, eher deshalb, weil ich in einem dänischen Buch gelesen hatte, dass dort seinerzeit im Stadtpark ein Getüm stehen solle, dass mich interessieren musste. Getüm schon deshalb, weil es ihm zum bloßen Un-Getüm an reiner Größe mangelte. Und dieses, nennen wir es erst einmal „Objekt", dieses Objekt also war nicht zu finden gewesen.

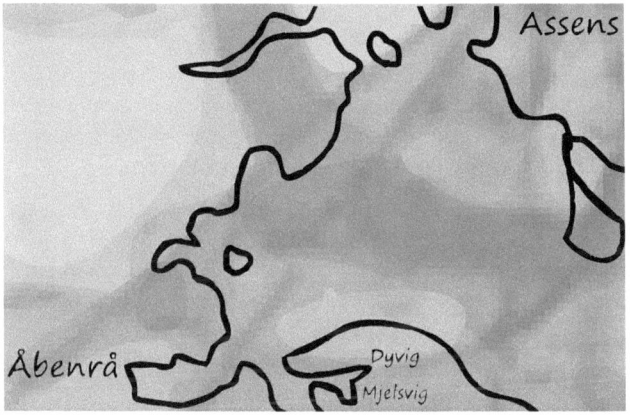

Es hatte in jenem Buch keine konkreten Anhaltspunkte gegeben, wo das Objekt zu finden sei, geschweige, denn wie es sich präsentierte. Es sollte einfach dort sein. Also irrte ich recht orientierungsarm über die Rasenflächen und um Rhododendron-Ecken herum, genoss den Schatten hoher Bäume und war ratlos. Angesichts der Wetter-vorhersage wertvolle Zeit war verstrichen, ehe ich bereits auf dem Rückweg zu Hafen eher missmutig ein mit mannshohem Maschendrahtzaun eingefriedetes Buschwerk passierte, das irgendwie anders roch als reines Buschwerk.

Zudem war der Maschendraht vieler Maschen verlustig und das Gehege damit gut begehbar, aber da stand:

Sie!

Achtzig Pee-Ess, 12 Tonnen, vier Achsen, Kohlebrocken noch in den Führerstandsecken, inzwischen bewachsen mit wildem Grün. Aber eindeutig eine Henschel-Dampflok, Cassel 1912 (mit „C"), gebaut für die Zuckerfabrik in Assens und dort über fünfzig Jahre lang im herbstlichen Rübenverkehr eingesetzt zugunsten von Karies und Hüftpölsterchen von Generationen. Heute fährt sie übrigens wieder bei einer Museumsbahn auf Seeland.

Endlich. *Die* hatte ich gesucht. Ich hatte Schreibblock, Fotoapparat und Zollstock nicht umsonst mit mir herumgetragen.

Der Rest – Fotografieren aller Details, Vermessung der Lokomotive und ihrer Komponenten und Anfertigung einer Maßskizze – war in gut einer Stunde gemacht, dann ab zum Hafen, Ablegen, Segel hoch und ab nach Westen.

Der Wetterbericht hatte bereits nicht besonders amüsant geklungen. „Belte und Ccchund" sowie „Weccchtliche Ooooocchtcccchee" hatten erst eine Warm-, dann eine Kaltfront zu gegenwärtigen. Wer weiß, was da noch alles kam. Eine Starkwindwarnung gab es zwar für die jütische Ostküste noch nicht, aber da „Deutsche Bucht" und „Fischer" schon mit inflationären Windwerten zu kämpfen hatten, war das Übel ebenso absehbar wie das eigene nahe Urlaubsende.

Und ich hatte wertvolle Zeit im Stadtpark von Assens mit der Suche nach *Alteisen* verbracht!

Unvernünftig, aber angesichts drohender langer Winterabende doch nicht verschwendet. Am liebsten hätte ich sie mitgenommen, aber 12 Tonnen auf dem Vordeck?

Erst einmal herrschte postkartenfreundliches August-Sonnenwetter mit ebenso freundlichen Südostwinden um 3 „Boffohr", die genutzt werden wollten. Die INSEL lief und lief unter Großsegel und der größten vorhandenen Genua, Schaumstreifen hinter und neben sich lassend eilte sie halben Winds Halk Hoved entgegen. Erfreulicherweise schien dort nicht einmal geballert zu werden, leider gibt es ja in dänischen Gewässern Zonen, die uns seefahrendem Volk zeitweise erhebliche Umwege abnötigen. Also konnte ich – der Himmel im Westen und Nordwesten begann eine bleichere, ins Bleigraue gehende Farbe anzunehmen – Kurs auf die Südseite von Bårsø absetzen, und weil der Wind in Richtung stabil und leicht zunehmend war, sah es nach einer weiterhin schnellen Reise aus.

Als ich zwei Stunden später bereits in die Apenrader Förde, den Åbenrå-Fjord, hineinschauen konnte, waren die Schornsteine an deren Westende nur noch zu erahnen, dort sah es gruselig und düster aus, zwar nicht nach drohendem Gewitter (das wurde auch durch den „Mittelwellencheck" bestätigt), aber doch irgendwie extrem unfreundlich. Auch das Abnehmen der Sonnenbrille half nicht, da kam nun wirklich definitiv nichts Gutes.

Da kam aber sowieso überhaupt nichts Gutes, denn man konnte immerhin noch deutlich genug sehen, dass sich vom Kraftwerkskai gerade ein großer Schatten löste, ein „dicker Pott", der dort seine Kohleladung (mit einem Drittel davon wäre meine Zuckerlok sicher dreimal um den Erdball gedampft!) gelöscht hatte und sich nun wieder auf den Weg nach Australien zu machen begann.

Bald darauf verschwand der Koloss hinter einem undurch-sichtigen Vorhang aus Sprühregen, der sich alles ver-schluckend von Westen her wie eine anthrazitgraue Walze über die Förde legte.

Ich betrachtete diesen Pott mit gehörigem Argwohn. Zunächst einmal wirkt so ein Monstrum in der an und für sich eher freundlich-grünen Apenrader Förde von sich aus schon fehl am Platze, sicher aber wollte ich nicht Bekanntschaft mit seinem breiten Wulstbug machen. Er würde davon ja nichts merken, allenfalls hätte der Kapitän einigen lästigen Schreibkram zu erledigen – die INSEL oder gar ich hätten da einen deutlich schlechteren Start.

Er konnte mich ganz sicher nicht sehen, ob mein Radarreflektor ein für ihn bemerkbares Echo reproduzieren würde, wagte ich nicht zu hoffen. Meinerseits hatte ich keinerlei Aussicht, ihn rechtzeitig zu sehen, denn wenn er erst einmal einige Knoten Fahrt hätte, konnte ich bei seinen geschätzten 50 Metern Breite mit ein wenig Pech nicht einmal mehr seine halbe Breite aussegeln, um dem Schicksal des Überlaufenwerdens zu entgehen.

Also nichts wie weg – oder nicht zwölf, sondern hundertzwanzigtausend Tonnen auf dem Vordeck!

Ehe mir selbst die Sicht völlig abhanden kam, gelang es, die Förde südwestwärts so weit zu überqueren, dass ich auch ohne moderne Navigationsmittel wie Radar, Dschi-Pi-Es oder Echolot schon anhand der verbliebenen Wellenhöhe annehmen durfte, in Ufernähe und damit auf für das heranrückende Unheil im absolut unerreichbaren Flachwasser angekommen zu sein.

Der Pott konnte jetzt machen, was er wollte – hier auf zwei Metern Wassertiefe konnte er mir nicht mehr gefährlich werden!

Theatralisch genug wurde der Regenvorhang in dem Moment gehoben, als der große „Bulker" gerade querab passiert hatte, lautlos und in sicherer Entfernung. Es war ein tolles Bild: Der halbe, 300 m lange Frachter mit dem nach Osten abziehenden Regen, das Achterschiff im strahlenden Sonnenschein, der Bug im weiß leuchtenden Regen verborgen. Wie abgeschnitten. Darüber die kohlrabenschwarze Wetterwand.

Mir blieb sozusagen vor Schönheit des ungewohnten Anblicks die Spucke weg. Die kam spätestens beim Anblick der frischen Scholle wieder, die ich mir in Åbenrå briet, als draußen die Kaltfront an der Kuchenbude rüttelte.

NADELÖHR

Man mochte die Augen kaum vom Zifferblatt der Kappelner Kirche lösen, so gespannt warteten wir auf das erlösende Klingeln des Brückenmeisters. Die alte Drehbrücke aus Kreisbahnzeiten – die Stadt hatte einmal 4 Bahnhöfe gleichzeitig unmittelbar am Hafen! – ächzte noch unter den letzten Erntewagen, als wir mit Strom von achtern und Ostwind eine Acht nach der anderen zwischen den Eisabweisern und Heringszäunen drehten. Endlich machte es pläng – pläng – pläng – pläng – und dann gingen die sechs Glockenschläge der Barockkirche im Geläute der Warnglocke auf der Brücke unter. Die eigens zur Brückenöffnung herbei geschlenderten Touristenfamilien versammelten sich an den besten Aussichtspunkten dies- und jenseits, während der Brückenmeister die letzten Landratten vom schwenkbaren Mittelteil verscheuchte.

Ging das alles knapp über uns und doch beinahe in Augenhöhe vor sich, formierte sich unterdessen achteraus die Prozession der Yachten, fast ausnahmslos unter Motor, um gleich, nachdem sich ein Spalt zwischen Fest- und Schwenkteil gebildet haben würde, die Öffnung zu stürmen wie bei der Öffnung eines Billigheimers im Sommerschlussverkauf. Gas – Gas!

Immer noch das blöde rote Licht!

Dabei muss der Brückenmeister erst einmal den Mittelteil um ein paar Zentimeter anheben, und dann nach Lösen der Sicherungsbolzen den Schwenkantrieb überreden, seine Arbeit zu machen. Das dauert. Gute alte Technik, durabel, anschaulich.

Dann endlich doppel-grün, eine Handvoll Schiffe ist schon durchgeschlüpft.

Großschot fieren, Genua stimmt so, Fahrt aufnehmen, von dem ersten Entgegenkommer freihalten, sich entspannt in die Reihe einfügen, wie schön einfach kann das sein…

Die schöne Brücke mit ihrem winddurchlässigen Fachwerk erleichtert das Durchsegeln, so lange der Wind nicht genau auf den Kopf steht, wunderbar.

Nur sollte man nicht auch noch verlangen, dass der Flögel im Masttopp die angemessene Segelstellung vorgibt – der zeigt, wohin er will.

Kinder schauen von oben interessiert zu, ein alter Mann winkt, der Brückenmeister grüßt freundlich, aber aufpassen: Nicht zu schnell werden!

Als wir schon fast beim ASC vorbei sind, schaltet der Meister auf doppel-rot, rien ne va plus… – Zeit ist Geld, und die Bauern trommeln schon nervös auf die Lenkknäufe ihrer Traktoren.

Bei Lindaunis ist es ähnlich, man sieht die Glühwürmchen der Bahn schon eine Stunde vorher, sie geben den Öffnungstakt vor, und die Prozedur von Öffnen und Schließen mit ihrem Ohrenschmaus – Sie müssen sich das einmal an einem stillen Abend anhören, das ist gesungene

Technik! – dauert noch wesentlich länger! Dafür sind die Stellwerker meist sehr geduldig und erschlagen uns nicht gleich mit der niederfahrenden Brücke!

Aber segeln Sie nie nach Sønderborg, wenn Sie keine guten Nerven haben! Die Brückenchefs dort haben wohl als Hobby, durchreisende Yachten in Bedrängnis zu bringen. Zugegeben, die Hauptstraße, die dort über den Als-Sund führt, ist kein Feldweg, und die Zahl der Busse oder Rettungsfahrzeuge, die täglich über den Sund müssen, ist beträchtlich, früher waren sogar noch die Rangierzüge zur östlichen Hafenseite mit dabei – aber was man dort erleben kann, lässt selbst hartgesottene Brückensegler erschaudern!

Mehr als häufig habe ich die Brücke bei mitlaufendem Strom durchfahren, in der Mehrzahl durchsegelt, und man muss immer damit rechnen, dass es dem Meister gefällt, die Reaktionsfähigkeit seiner wassersportlichen Kundschaft zu prüfen. Da soll man dann die Nerven behalten, wenn er, drei Schiffslängen ehe man zwischen den Pfeilern ist, plötzlich fröhlich „5 x kurz" trötet und die großen Fliegenklatschen in Bewegung setzt! Bis jetzt haben sich immer noch alle, die in unserer Nähe waren, mit vorbildlicher Kaltblütigkeit und Vollzurück bei Hartruder aus der Affäre ziehen können, konnten wir selbst mit haarsträubenden Anluv- und Wendemanövern unter Spinnaker die Finger aus der zuschnappenden Mausefalle heraushalten, aber nötig sind diese Stresshormonaus-schüttungen eigentlich nicht – noch nie habe ich gesehen, dass nach einem solchen Anschlag auf den Herzrhythmus irgendein zwingender Grund für dieses Verhalten bemerkbar gewesen wäre. Was aber soll das dann?

O.k. Es kann ja gut sein, dass die Herren da oben etwas gegen mich persönlich haben·

Eines Abends, ich bummelte so ein wenig durch den Sønderborger Nordhafen, kam mit dem wenigen Wind eine schöne, und wahrhaft riesige alte Yacht den Sund herunter, hielt auf die Brücke zu und wollte sie offensichtlich passieren. Letzte Chance des Tages ganz sicher.

Irgendetwas zwischen 18 und 20 Metern Länge hatte die alte Dame, gewaltige Segel – aber keine Maschine, heute weiß ich, dass es einer der Marine-"Zwölfer" war. Es gab ein Schlauchboot mit Außenborder, das im Schlepp mitgeführt und zum Manövrieren gebraucht wurde. Gute, alte Seemannschaft.

Die Yacht trieb sich vor der Brücke herum, es gab ausnahmsweise auch keinen Strom, der sie hätte ärgern können. Nach einer halben Stunde war es so weit.

Klingeln auf der Brücke, ein paar Autos blieben stehen. Nur, dass der Außenborder des Schlauchbootes nicht zu überreden war, seinen Dienst aufzunehmen, war nicht eingeplant.

Mich kitzelte es förmlich in der Nase. Das war etwas für meinen Engländer. Das Opfer war nicht groß, dachte ich, und schor längsseits der Yacht, die unmittelbar vor der sich öffnenden Brücke trieb. Ich warf irgendjemandem in blau, der auf dem Vorschiff über mir stand, eine Leine zu, er ergriff sie wohl eher als Reflexhandlung. Ich gab Gas. Es passierte – – nichts.

Erst einmal passierte tatsächlich nichts. Der sich schneckenlangsam formierende Schleppzug erstreckte sich nunmehr durch eifriges Stecken der Schleppleine durch die Brücke, aber wir kamen zentimeterweise in Gang. Ich habe keine Ahnung, wie viele Tonnen Edelholz und Blei wir da hinter uns hatten.

Der Brückenmeister stand oben auf der Brücke und schüttelte den Kopf. Kein Wind zwischen den Pfeilern, kein Strom, nur das verzweifelte Röhren meines Engländers. Und Schraubenwasser, richtig amtliches Schraubenwasser aus vier Komma fünf Pe Es. Mann, das ging fein!

Ungefähr eine gefühlte Viertelstunde benötigten wir, um durch die Brücke zu kommen. Dann schnappte die Falle zu.

Keine Chance auf Rückkehr an den Heimatsteg im Als-Sund. Für heute endgültig Schulz. Feierabend.

Aber nicht mit uns! Das Mastlegen in Fahrt dauerte ungefähr zwei Minuten, wobei die Segel stehen bleiben konnten, das Aufstellen noch einmal zwei. Wir hatten das in den Hamburger Bille-Kanälen oft genug trainiert. Da gibt es nämlich überhaupt keine Klappbrücken. Da lernt man so was.

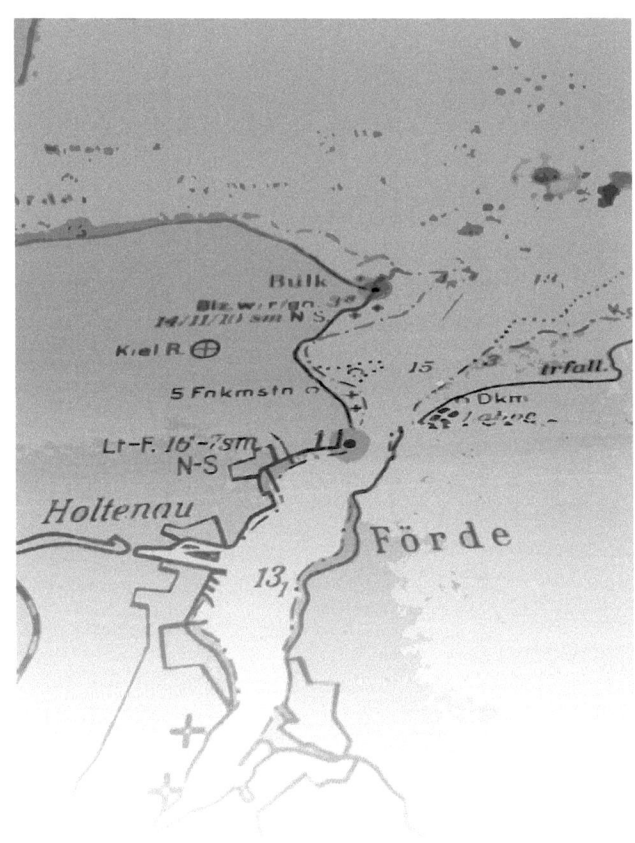

PUNKTE

Die erste Annäherung an den Freundeskreis Klassischer Yachten erlebte ich nach fast zwei Jahrzehnten yacht-historischen Einsiedlerdaseins wie so viele andere in Laboe. Längst schon hätte ich gern teilgenommen – allein, es gab immer wieder knapp tausend gute Gründe, nicht hinzukommen, mal das Wetter – immer der wohlfeilste Grund – oft auch berufliche Hindernisse.

Schade war es sicher um jede einzelne der vielen verpassten Gelegenheiten.

Die erste Hürde in wettsegeltechnischer Hinsicht ist ja immer die Einordnung des Schiffes in die Kategorien der Klassen- und Vorgabebestimmungen, und hier hat ja der Freundeskreis ein seit längerer Zeit bewährtes System von Kriterien, nach denen ein bis dahin unbekanntes Fahrzeug in die Phalanx der Schönheiten eingegliedert wird, den KLR-Wert.

Mit seinen Berechnungsgrundlagen und verschiedenen Möglichkeiten, individuell auf das einzelne Objekt wettseglerischen Wollens einzugehen, wird anhand weniger Mess- und einiger Schätzwerte festgestellt, dass das betreffende Boot ein so oder so geartetes, theoretisches Potential haben könnte, erfreulicherweise, ohne die Mann-schaft in der Vielfalt ihrer seglerisch-praktischen Herkunft und Erfahrung auch noch zu klassifizieren.

Letzteres soll dann ja auf der Regattabahn geschehen, das ist ja der eigentliche Sinn und Hintergrund des Regatta-sportes.

Wir bekamen also, frisch in Laboe eingelaufen, Besuch von den Leuten, die aus allerhand Daten und auf der Basis allerlei erfragter Informationen mit ziemlich geübtem Blick die Vorgaben erarbeiten, gegen die man dann nach dem Startschuss anzusegeln hat. Jedenfalls muss man das beinahe glauben, denn mancher erzählt ja hinterher mehr davon, wie er seinen KLR-Wert in die Knie gezwungen hat, als von mehr oder weniger siegreichen Luvkämpfen, Spinnakermanövern oder Problemen mit »Raum!«-tauben Steuerleuten auf störenden Schiffen an der soundsovielten Tonne. Ich beschloss also, mich mit dem angeblich voraussichtlich langsamsten, weil schwersten (etwa doppelt so schwer wie moderne 20er), schmalsten (das beschränkt ja rechnerisch das Segeltragevermögen) und ältesten Jollenkreuzer mit dem kleinsten Schwert (also der vermutlich größten Abdrift) auf den Parcours zu begeben, einzig wissend, dass der Ersteigner meines Schiffes, den ich als hochbetagten Herrn kurz nach dem Kauf noch persönlich – also, genauer gesagt telefonisch – gesprochen hatte: »Was? Die „BRISE" gibt's noch, das war ein schnelles Schiff, denen (gemeint waren natürlich die Konkurrenten der letzten Vorkriegsmeisterschaft) sind wir auf der Elbe immer davongesegelt…!« Ich war also gewarnt.

Am Laboe-Samstag war dann „mein" Wetter: Wenig Wind, keine Welle, diesiges, aber sonniges Sommerwetter, ideal für mein Vorhaben, die frustrierenden Handicap-Zuteilungen nicht behindernd wörtlich zu nehmen.

Ich starte gern. Ich mag das Gewusel, das anderen bisweilen ein Graus ist, und so lange ich einen Jollenkreuzer segelte, der aus voller Fahrt auf Rumpflänge auf Gegenkurs drehen konnte, wenn sich nur alle an Bord befindlichen gut festhielten, war das kein Wunder. Heute hat sich das etwas relativiert. Es gelang trotz zweier absoluter Nichtsegler als Mannschaft ein Nullstart, und einer meiner Konkurrenten, der mich gerade vorher noch gebeten hatte, ihm ein wenig zu zeigen, wie man startete und wie denn der Kurs sei, hatte schon mal das Nachsehen. Oder genauer: Das Hinterherschauen.

Irgendwie lief sie gut, sehr gut. Weder die anderen 20er noch die leichteren 15er, die bei den herrschenden leichten Bedingungen keineswegs benachteiligt waren, ließen sich in unserer Nähe blicken, obwohl ich beinahe mehr damit zu tun hatte, die neugierigen Fragen meines – gottlob nur im Berufsleben! – mitfahrenden Chefs zu beantworten, den länger mitzunehmen ich ob seiner Fragen zuweilen beinahe in Frage stellte. Aber das hätte sicher Konsequenzen gehabt, die man nicht als Preisglas oder Zinnbecher hätte ins Regal stellen können.

Wie immer ging es hinaus zum Stollergrund, um die „Kabel 1" und ostwärts, der Spinnaker kam zu Ehren, und die blanke Fläche der Außenförde zeigte schöne Reflexionen der bunten Tücher. Die anderen Jollenkreuzer spielten wohl lieber miteinander als mit uns, und wir zogen uns kaum beleidigt unter Einhaltung der vorgeschriebenen Kurse in Richtung Ziellinie zurück.

Irgendwann gewannen wir den Eindruck, auf der falschen Veranstaltung zu sein, denn sogar eine Verabredung mit einem sehnlichst erwarteten Fotografen scheiterte daran, dass er uns im Feld der Jollen suchte. Es sollte also auch nach 20 Jahren noch immer keine Fotos von meinem Schiff geben, und das nur, weil wir nicht warten konnten.

Beim Zieldurchgang im flauen Nordwind rief uns der Wettfahrtleiter zu, der Zweite habe schon angerufen, man wolle gern noch mal über unseren Rennwert diskutieren. Als der dann eine Dreiviertelstunde nach uns durch's Ziel ging, tropfte mir gerade das wohlverdiente Eis in Laboe auf das Hemd.

Und ich hatte ihm doch noch zum Start gesagt, er solle sich einfach in unserer Nähe halten…

SICHT

Böig schob der Westsüdwest dunkle, krause Schatten über das unruhige Wasser im Sønderborger Yachthafen, ich drehte schnell noch drei Ringe ins Rollreff meines Großsegels und hangelte den Jollenkreuzer dann aus der Box, um am Leepfahl Groß und Fock zu setzen. Die Mitseglerin hatte ohne Murren ihre Schwimmweste übergezogen, und auch meine war schon angelegt, als wir zum Auskreuzen der Hafengasse die Vorleine schließlich slippten.

Der Sommerurlaub war von sehr durchwachsenem Wetter geprägt gewesen, der kleine Belt und die Küste bis Horsens waren dennoch erfolgreich bereist worden, mit kleinen Abstechern nach Bogense, Kolding und Vejle. In Kolding hatten die Dänen ihre schwimmwestenbekleidet spielenden Kinder wegen des Sturms einfach auf dem Schwimmsteg festgebunden...

Es fehlte noch das letzte Ende bis zur Schlei, ehe dann tief im Binnenland der Berufsstress im nachtschwarzen Zuschauerraum die Urlaubserholung sehr absehbar binnen weniger Tage wieder tilgen würde.

Als die Hafenausfahrt geschafft war und die Segel aufgefiert für halben Wind das Schiff richtig auf Trab brachten, kehrte die Bordroutine ein, bestimmt durch ausgiebige Wolkenbeobachtung nach Luv und den Versuch, aus dem Wolkenbild die persönliche Prognose für nasse Haare, Böenabwettern und mögliche Fluchthäfen zu errechnen.

Über Broager und Angeln stapelten sich die Schauer förmlich, und nach der Windvorhersage konnte mit guten fünf aus Südwest kalkuliert werden. Hin und wieder beleuchteten allerdings auch Sonnenstrahlen die Geltinger Bucht und das Vemming Bund.

Rückseitenwetter also, mit weiter rechtdrehend vorhergesagten Winden.

Nach nicht mal einer Stunde war der Leuchtturm Kalkgrund, Symbol des Wirtschaftswunders an der deutsch-dänischen Küste, erreicht, und die Kabeltonne nickte freundliche Grüße herüber. Die Möglichkeit, Gelting als Alternative zu betrachten, wenn der Kaltfront noch ein Trog nacheilen sollte, war damit verstrichen, bei dem dann zu erwartenden Nordwest eine Rückkehr schlicht nicht möglich. Von Westen näherte sich eine düstere Husche, die Welt über Angeln entzog sich bereits den Blicken, und mäßig freundlich rollte ein Donner über die Broager Hügel achteraus. Wir hatten derlei oft genug erlebt, um uns nicht in irgendein Bockshorn jagen zu lassen, und wir wussten uns in spätestens einer weiteren Stunde im Schutz der Küste bei Falshöft. Zu früh gefreut.

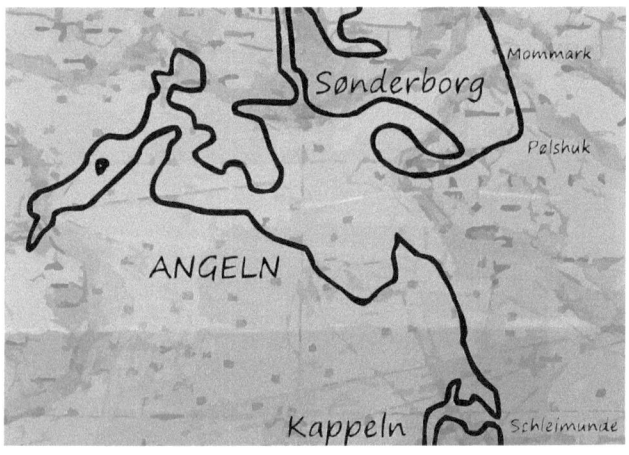

Wenige hundert Meter südöstlich hatte ich plötzlich nichts mehr vor Augen als Schwärze, durchdrungen von Sternen wie nach einer Kollision mit einem Großbaum, die Lider waren unter gewaltigem Krampf geschlossen, und eine Welle von Schmerz raubte mir fast den Verstand. Ich konnte – glaube ich – nicht einmal schreien. Ich hörte wie durch meterdicke Watte ein prasselndes Geräusch und meine Hände fühlten sich an wie sandgestrahlt. Hagel!

Zentimeterdicke Körner mussten das sein, aber ganz ehrlich, das war mir fast egal!

»Meine Augen…!«

Was nun? Das Schiff, die drohende Gewitterbö, die einen Jollenkreuzer schlagartig aus den Angeln heben würde, die segelunerfahrene Freundin quasi allein mit dieser Lage – was sollte geschehen?

Ruhe ist die erste Seglerpflicht! dachte ich, doch in dieser Situation gab es keine Erfahrungswerte, auf die ich zurückgreifen konnte. Fragen, Fragen, Fragen, und keine schlüssigen Antworten. Rot schießen? Jetzt hier? Und wer soll das tun? Erstmals verfluchte ich meine Einein-halbhandsegelei – doch nützte das jetzt nichts.

Noch immer konnte ich kein Auge öffnen, hörte nur und fühlte, wie sich die vertrauten Planken unter den Füßen verhielten. Wie gut, dass ich so oft und gern nachts gesegelt war! Ich versuchte mit aller Gewalt, das Auge, das vielleicht ein bisschen weniger weh tat, mit den Händen zu öffnen – wieso hat der Mensch in den Augenlidermuskeln so viel Kraft?!?

Nach einer unendlich erscheinenden Zeitspanne gelang es mir, das rechte Auge für einen Moment einen Spalt weit zu öffnen, und schlagartig wurde mir erst einmal schlecht. Die See hatte ihr Aussehen verändert – Hagel und Regen hatten die kleineren Wellen zerschlagen, aber das Schiff brauste halbwinds wie von Sinnen auf die Küste der Birk zu. »Abfallen, abfallen!« und die Freundin reagierte gottlob so cool, dass sie das einzig Richtige tat, die Pinne packte und den Bug wieder auf Falshöft richtete.

Das Auge wieder zu, konnte ich zu klaren Gedanken über nötige Maßnahmen kommen, mir wurde klar, dass bis zur Schleimündung nichts zu machen sein würde – bis dahin würden wir so schon kommen. Blindensegeln ist etwas, das einem Sehenden sehr viel Einsicht verleiht, so paradox das klingen mag. Die Schmerzen im linken Auge waren mörderisch, und nur in großen Abständen gelang es mir, für Bruchteile von Sekunden blitzlichtartige Eindrücke von der Lage des Schiffes mit dem rechten Auge zu sichern, Zeit zum Nachdenken war dazwischen fürwahr genug!

Wie lang doch die paar Meilen werden konnten! Der Hagelschauer war vorübergezogen, der böige West – verdammt, musste da unbedingt doch noch ein Trog kommen? – war wieder etwas angemessener und die Welle langsam durch Landschutz geglättet. So konnte man das Segeln selbst eigentlich aushalten…

Aber was war mit der Schlei? Würde das Einlaufen durch die Mündung noch gelingen? Oder war es vernünftiger, noch weiter zu laufen bis Damp? Es war nicht gerade eine Sternstunde klarer Gedanken und kühler Abwägungen, und als die Giftbude schließlich achterlicher als querab lag, entschied ich mich doch zugunsten von Kappeln.

Konnten wir das wagen?

Das ist ja wie freitags nachmittags mit einem Sack über'm Kopf über eine Ausfallstraße zu gehen, zum Glück konnte man bis kurz vor Maasholm noch einen vernünftigen Anlieger segeln – obwohl: „vernünftig" war hier eigentlich gar nichts mehr. Vom dichtbevölkerten Fahrwasser zwischen Schleimünde und Maasholm habe ich nichts gesehen, nur mit geschlossenen Augen nach den windgesteuerten Bewegungen des Schiffes und den fahrwassertonnenorientierten Lotsenkommandos meiner Mitseglerin das Schiff hart am Wind gesegelt, geluvt, gefiert, dichtgeholt und abgefallen, alles, wie es sein sollte. Wenn nur die Schmerzen im Auge nicht gewesen wären…!

Ab Maasholm hatten wir dann aber keine Chance mehr, allein mit Aeolus Hilfe weiterzukommen. Nächste Hürde: Motor an, Segel ´runter, auftuchen, steuern, das ganze Programm. Alles ohne zu sehen. Das beherrscht man ja eigentlich im Schlaf – doch nie wieder möchte ich das so tun müssen!

In Grauhöft gelang dann noch ein Anlegemanöver, dessen Einzelheiten ich nicht beschreiben kann, wir kamen irgendwie in eine Box…

Der Arzt im Krankenhaus vermutete, ein Hagelkorn – es muss ja wohl das erste gewesen sein, das dieser Schauer schickte! – habe die Hornhaut des linken Auges abrasiert.

Es wurde wieder.

ÄNGSTE

Schnieke sah sie aus, wie sie da einen Teil ihres Unterwasserschiffes in die Sonne reckte, der Gennaker und die edlen Hightec-Garne der Kohlenstoffsegel neigten sich nach Lee, und mancher hätte vielleicht sofort Werbefotos für ein Hochglanz-Segelmagazin knipsen wollen. Das Bild war dazu neckisch fotogen garniert mit einer im Wasser stehenden, rot-schwarzen Stange mit zwei schwarzen, glänzenden Bällen übereinander, ebenfalls sehr attraktiv, aber irgendetwas war falsch an der Szene, nicht ungewohnt, sondern richtig falsch.

Es handelte sich hierbei keineswegs um eine Momentaufnahme kurzer Belichtungszeit, sondern um eine Art statischen Zustandes. Ja, auch die idyllische Schlei bietet Attraktionen für Segelreisende, die nicht auf Postkarten zu finden sind. Richtig, es handelte sich eben nicht um einen Eindruck von einem bewegten Bild, sondern man konnte schon von fern das Schraubenwasser unter dem Heck der Kohlefaserschönheit aufschäumen sehen, und gut gekleidete Menschen schienen an Deck zu diskutieren, gestikulierten mal in die, mal in eine andere Richtung, und die genauere Beschreibung der roten Stange im Lehrbuch hätte auch dem Laien erklärt, dass es angesichts der Bezeichnung „Einzelgefahrenstelle" wohl nicht mit rechten Dingen zuging.

Mein Jollenkreuzer und ich kamen gerade hinzu, als die anfängliche Verneigung der Yacht vor den Gesetzen des Tiefgangs schon stattgefunden hatte und die Verblüffung über die Bremswirkung des sandgestoppten Kiels bereits einer Orientierung auf Abhilfe gewichen war.

Ein genaueres Bild der Situation wünschend umsegelte ich also erst einmal die gekräng(k)te Yacht in abnehmender Entfernung, schließlich sozusagen in Zimmerlautstärken-rufweite und nur eben frei von deren geneigtem Rigg. Ich muss zugeben, dass solch eine Handlungsweise den

Kielschiffer naturgemäß erst einmal gehörig frustrieren muss, zumal dann, wenn die nunmehr unbeweglich Sitzenden ob der Unterwassergefahr eifrig warnende Ausrufe tätigen und diese Ausrufe nur lapidares Abwinken hervorrufen. Mit meinen drei konzentrischen Runden hatte ich festgestellt, dass ich mich überall frei bewegen konnte, und die in den Jahren gewachsene Routine in solchen Angelegenheiten gebot keine wirkliche Eile, denn das Wasser war glatt, der Wind stetig, nur das angestrengte Gedröhn der Maschine der Grundsitzer störte die Ruhe vor Ort.

Nachdem die unfreiwilligen Flachstellensiedler Motordrehzahl und Lärm auf ein kommunikationsförderliches Maß reduziert hatten, rief ich der Mannschaft zu, sie möge doch einstweilen die Badehose – also den Gennaker – bergen, damit sie dessen Fall zu sinnvolleren Zwecken frei bekämen, ich wolle es ganz gern, nach Verlängerung mit einer Schleppleine, mitnehmen, und dann würden sie auch wieder freikommen.

Drüben schielte man natürlich unverhohlen auf mein altehrwürdig-skurriles englisches Kraftpaket, das nach wie vor auf dem Achterschiff ruhte, und vermutete wohl, es mit einem Angeber zu tun zu haben. Man rief zurück, ob ich etwa mit dem kleinen Ding ihre 6 Tonnen freizuschleppen dächte, was ich selbstverständlich verneinte, da gäbe es Alternativen.

Irgendwie musste es ja nun weitergehen, denn die Brückenöffnungszeit von Lindaunis rückte auch unaufhaltsam näher, sodass man sich drüben nun doch entschloss, tatsächlich den Gennaker weg zu nehmen und es darauf ankommen zu lassen. Man knüpfte dann eine schöne, neue, lange Leine an das Fall und warf mir das Ende zu, als ich ihr Vorschiff zum x-ten Male passierte. Ich fiel ab, fierte die Schoten, und wir nahmen Fahrt auf. Die Schleppleine glitt durch die Hand und wurde dann um den Reitbalken gelegt langsam aufgestoppt, sodass mein braver Jollenkreuzer den Masttopp mitnahm, bis das andere Schiff schließlich hinreichend geneigt war, uns zu folgen. Ganz ohne die englische Ingenieursleistung der 30er Jahre an unserem Heck zu bemühen, brachte der Wind in unseren Segeln die schwere Yacht wieder auf tieferes Wasser, eine Prozedur, die wir in 20 Jahren wohl reichlich 20 Male durchgeführt haben.

Regelmäßig blieben dabei verblüffte Gesichter auf den wieder frei schwimmenden Schiffen zurück, und die Erkenntnis, dass PS-Zahlen allein noch nicht das alles entscheidende Kriterium sein müssen.

Einmal allerdings war ich selbst noch verblüffter als die Geretteten:

Nur wenige Meilen nordöstlich der bekannten Einzelgefahrenstelle, nämlich zwischen Karschau auf der einen und Sieseby auf der anderen Schleiseite, ist die Schlei für manche eine einzige Gefahrenstelle, liest man es an der Zahl der Beinahestrandungen Saison für Saison ab. Hier gibt es außerhalb der glaubwürdig betonnten Rinne prinzipiell genug Wasser für alle, nur eben nicht überall und für jeden – und wenn man ausgreifend kreuzt, kann es schon mal passieren, dass…

An diesem schönen Sommertag sichtete ich einen wunderschönen alten Seekreuzer, Mahagoni-Natur, Holzrigg, Teakdeck, maßvoller Aufbau, allerdings mit killenden Segeln recht unbeweglich vor dem Schilfufer liegend.

Na gut, das kenn' ich ja schon, dachte ich, also hin und erstmal drum herum.

Da sitzen zwei wirklich schon ältere Herren im Cockpit, etwas bedröppelt und mit Clubblazer, Prinz-Heinrich, Schlips und weißem Kragen, und schauen unsicher herüber. Irgendwie kommt ihnen mein Schiff wohl bekannt vor, den Kerl am Ruder haben sie aber noch nicht gesehen.

Ich rufe also freundlich: »Moin Moin, na, soll ich mal sehen, was ich machen kann?«

Unschlüssig kommt zurück: »In welchem Verein sind Sie denn?«

Mit jeder Gegenfrage hätte ich gerechnet.

»Ehrlich gesagt in gar keinem!« rief ich, »mit Vereinen hatte ich es nicht so!« Wieder eine Pause.

»Haben Sie ein Spinnakerfall?« versuchte ich, den Dialog wieder in Gang zu bekommen. »Sind Sie nicht aus Kappeln?« war die besorgte Gegenfrage des Mannes an der Pinne.

»Nee, aff un too bünn ick in Kappeln, aaber man blots as Gast, un denn in'n Museumshafen oder in Grrrauhöft«, erklärte ich vertrauenwerbend in Landessprache.

»Gott sei Dank, wenn Sie versprechen dicht zu halten – wir segeln seit 60 Jahren hier auf der Schlei und haben hier noch nie gesessen! Erzählen Sie bloß nichts im ASC!«

Der Rest war – siehe oben – ein Kinderspiel, und bis heute habe ich 20 Jahre lang dicht gehalten…

SPÄT

Ach, ist Birkholm schön!

Am dritten Tag des wohlverdienten Urlaubs robbte meine ansonsten so leichtfüßige Behausung gerade einmal die paar Meilen von Store Svelmø, wo wir ankernd genächtigt hatten, durch die Enge zwischen Avernakø und Drejø hindurch, an Ærøskøbing vorbei und mit bereits sinkender Sonne bis in diesen niedlich Hafen inmitten schlafender Grasbuckel im Paradies der dänischen Südsee. Aus völlig unerklärlichen Gründen war ich dort noch nie gewesen, immer nur vorbeigezogen. Mal war der Wind gerade so verlockend, mal die Zeit knapp, vielleicht auch einmal die Vorräte knapp oder jemand lechzte nach Kultur. Kann alles sein – also brachte mich erst die letzte Saison ohne Tiefgang in diesen flachen Hafen.

Und, im Vertrauen, für den Fall, dass Sie selbst zu viel mit sich herumfahren: Die Insel ist wirklich idyllisch, der Hafen meist gemütlich gefüllt, und das Postboot, das täglich nach Marstal tuckert, gibt es auch noch.

Erwarten Sie aber nicht zu viel. Eingeweht sein möchte ich dort auch nicht.

Aber es ist unspektakulär schön, versprochen. Und die großen, unerklärlich häufig gewordenen 40 bis 50 Fuß-Ferienhäuser mit Alumast müssen meistens so draußen bleiben, wie seinerzeit die Hunde vor dem Schlachterladen. Man ist auf diese Weise ein wenig unter sich.

Zu fliehen gibt es da nicht viel. Man segelt weiter, wenn man satt ist vom Einfachen.

Von Birkholm nach Kerteminde ist ein schöner Sprung, etwas zu viel für einen Katzensprung allemal, aber mit einem nicht zu langsamen Schiff und etwas gutem Wind sehr nett. Und ein Quantensprung in puncto Komfort.

Man zählt die Pfeiler aus und segelt unter der neuen Beltbrücke hindurch – irgendwie nicht mehr und nicht weniger aufregend, als die richtige Lücke zwischen den zahlreichen Fähren abzupassen. Und ob Verkehrlärm über der See nun so toll ist, muss jeder selbst beurteilen.

Einsegelnd in Kerteminde hat man zwei große Landmarken vor sich, die einen schon lange vor dem Einlaufen narren. Die eine, der große Speicher, scheint näher zu kommen, die andere, nicht weniger imposante, dagegen nicht. Der riesenhafte Galgen der Werft im viele Kilometer westlich gelegenen und zwei Tagesreisen entfernten Odense-Fjord sieht ein wenig aus wie eine Fatamorgana, hat etwas vom Scheinriesen Tur-Tur aus dem sattsam bekannten Buch von Michael Ende. Ist man schließlich im Hafen angekommen und liegt quasi unter dem Speicher, dann ist der Galgen immer noch genau so weit weg.

Kerteminde bietet selbst nicht so rasend viel, ist aber eine niedliche dänische Landstadt, und man ist schnell in Odense. Und weht man in Kerteminde ein, dann kann man doch noch das eine oder andere entdecken, auch wenn die Idylle früherer Zeit verweht ist.

Mir bot Kerteminde das Naturschauspiel zahlreicher, nicht enden wollender Gewitter. Der Speicher gab einen prächtigen Blitzableiter ab, und die Gewitter schienen einen Narren an ihm gefressen zu haben. Geradezu persönlich. Es donnerte und krachte, goss und hagelte, tagelang. Mal mit Sturmbö, mal ohne.

Aber zum Auslaufen gab es keine Chance.

Nach vier Tagen hatten die Kobolde sich offensichtlich ausgetobt oder einen anderen, vielleicht noch schöneren Getreidesilo entdeckt, jedenfalls ließen sie Ostfünen endlich in Ruhe und anhaltendem Sprühregen zurück, der zwar ebenso nass, aber deutlich ungefährlicher war.

Die Urlaubszeit ist ja wie die Lebenszeit schon deswegen ein so hohes Gut, weil man sie nicht reproduzieren kann. Um so ärgerlicher war es, dass nun der Rückweg angetreten werden musste, ohne die unerklärlichen Abweichungen der Kompassmissweisung um Samsø und Tunø überprüft zu

112

haben. Ich hätte gern einmal gesehen, was der Autor meines Hafenhandbuches damit meinte.

Rückweg hieß also, so gut „Süd zu machen" wie unter den gegebenen Umständen möglich.

Touristisch interessant war das Wetter ja nicht, die Sicht beschränkte sich auf 1–2 Meilen, aber die Windrichtung war optimal. Also raus in die Dauerdusche, die erfreulich warmes Wasser bot, Segel hoch und ohne Landmarken auf und davon, in den Abend hinein.

Das Schauspiel der Untersegelung der Brücke war nicht ohne Reiz. Man konnte sie eher hören als sehen, dann tauchte im dampfigen Abend ein Schemen auf, der zwar dunkler als der Himmel aber nicht gut zu erkennen war. Oben darüber glitten Lichterscheinungen von einer Seite zu anderen, ein grollender Ton, Züge, kaum zu ahnen.

Die Ingenieure, die diese Brücke gebaut haben, hatten eine gute Idee: Sie schrieben die Nummern der Pfeiler daran, und man kann aus der Tabelle im Hafenhandbuch entnehmen, ob man nach der Durchsegelung einen neuen Verklicker oder gar Mast benötigt oder nicht – lobenswert.

Ich brauchte keinen.

Nach Kerteminde nun Nyborg? Schon wieder ein größerer Ort, auch wenn die leckersten Cremeschnitten des Landes beim Bäcker gegenüber der Zufahrtstraße zum Yachthafen lockten. Ich musste nicht lange überlegen. Nyborg hieß, drei Meilen zurück zu kreuzen, Lundeborg zehn Meilen weiter zu segeln. Ich mochte Lundeborg schon immer.

In Rufweite tasteten wir uns also an der Küste nach Süden, die Sicht war erbärmlich. Warm und unwirklich der nasse Wind, segelten wir wie in einen schwarzen Sack hinein. Kein Geräusche, keine Vögel, schon gar keine anderen Fahrzeuge. Mal wieder Nacht.

Schließlich tauchten die Lichter von Lundeborg an Steuerbord auf, ganz kurzfristig, ohne Vorwarnung, als wäre man um eine Ecke herumgesegelt. Es blieb kaum Zeit, die Fender vorzubreiten, die Leinen klarzulegen, da musste ich schon in die Hafeneinfahrt luven. Die Petroleum-Zweifarbenlaterne beleuchtete plakatwand-große Rümpfe, die direkt hinter der Mole lauerten, mit rotem und grünem Schimmer.

Voll. Richtig voll der ganze Hafen!

Mit Glück schoren wir zwischen den Plastikwänden hindurch, bis irgendwann zwei Schiffe Leinen quer über die Einfahrt gespannt hatten.

Da waren wir aber gerade im Aufschießer ausgelaufen und die Fahrt war aus dem Schiff.

Ich kannte den Hafen bereits gut. Natürlich war ich auch dort schon eingeweht gewesen. Ich wusste, hinten links um die Ecke herum ist es flach.

Viel zu flach für alle, die hier die Einfahrt verstopften.

Ein wenig Überredungskunst in drei Sprachen kostete es schon, die angeheiterten oder schlaftrunkenen Besatzungen zu bewegen, ihre kunstvoll über das noch freie Wasser gesponnenen Festmacher für mich Zuspätkommer kurzzeitig zu fieren, aber mit aufgeholtem Schwert und Ruderblatt war es kein Problem, über die Festmacher hinweg in einen flachen Winkel zu gelangen, wo mich am nächsten Morgen herrlichster Sonnenschein weckte.

Da lag der Hafen dann so gepackt voller Schiffe, dass ich mich selbst fast wunderte, auf welchem Wege die INSEL überhaupt in diese Ecke gekommen war.

114

NACHSPIEL

Die Nacht verbrachte ich in der Waschtrommel, früher nannten wir die Waschtrommel Mommark und freuten uns an den gewagten Wendemanövern der kleinen Fähre ØEN, die so virtuos um den Dalben drehend mit zweimaligem Nachsetzen der Achterspring sich Houdini-gleich aus dem Hafen wand. Zwischenzeitlich war der Hafen nicht mehr das schwierige Einlaufen wert, und es war jammerschade um diesen geschichtsträchtigen Fährort. Gottlob hat sich das ja neuerdings wieder zum Besseren entwickelt.

Mein letztes Auslaufmanöver mit der INSEL aus diesem Hafen gestaltete sich bei Nordwind, gewaltigem Schwell und ausschließlich unter Segeln ebenfalls zum Abgewöhnen, aber es gelang mir, aus dem Hafen zu kreuzen, wenn auch unter Ausnutzung der letzten Zentimeter lichter Hafeneinfahrtbreite. Aus Mommark heraus kreuzen?

Geht nur mit einem Jollenkreuzer, dachte ich stolz. Noch einmal versuchen würde ich es aber trotzdem nicht.

Die schöne Alsensche Küste blieb zurück und die große Kieler Bucht empfing uns mit abnehmendem Wind, der schließlich in zwei Stunden atemloser Flaute vor den Türmen von Damp gipfelte. Nach Hause wollte ich schon, und da sich über Fünen das mächtige Wolkengebirge eines Gewitters erhob, entstand durch den Sog der Aufwinde alsbald ein prächtiger Segelwind aus West, eine wahre Heimbringerbrise.

Aber bitte: Muss es denn immer gleich so viel sein?

Es dauerte nicht lange, da wurde der fünfte Ring ins Großsegel gedreht, die Genua wurde gegen die Fock getauscht, die Fock dann gegen die Sturmfock, schließlich fiel das Großsegel und die Wellenberge der Eckernförder Bucht jagten uns surfend gen Bülk. Nicht zum ersten Male schwante mir nichts Gutes.

Ein echtes Beziehungsdrama deutete sich an.

Gegen den Wind kann man nichts machen. Das Klima mit seiner kulminierenden Veränderung der Verhältnisse auf See bringt uns so langsam bei, dass die Menschheit in ihrer kleingeistigen Dummheit selbst dafür gesorgt hat, dass wir im Begriff sind, uns die Natur so peu à peu zum Feinde zu machen. Wir werden damit leben müssen. Fossile Energien zu verbrennen, hat nun mal seinen Preis, und den bezahlen wir nicht nur beim Heizölhändler oder an der Tankstelle. Aber die Gegenleistung bekommen wir: Für die Segler bedeutet das vor allem die Zunahme der schwer kalkulierbaren Windspitzen auf See. Wenn uns früher der Seewetterbericht bei Windstärke 3–4 vor Böen mit 70 km/h gewarnt hätte, hätten wir dort angerufen und gefragt:

»Seid Ihr besoffen?!« – Sind sie leider nicht..!

Irgendwann im gleichen Spätsommer segelte ich bei herrlichstem, wolkenlosen Abendhimmel aus der Förde hinaus, schaute in Laboe vorbei und plauschte ein wenig mit dem Voreigner der INSEL über die Vergangenheit – wir kannten uns ja nun bereits 20 Jahre! Als ich unter Segeln genug Pirouetten in das enge Hafenbecken gedreht hatte, segelte ich weiter, umrundete meine geliebte kleine Glockentonne vor dem Sandbuckel, auf dem die Kielschiffe so gern Platz nehmen, um sich von einem alten Jollenkreuzer heruntersegeln zu lassen. Der Wind war mittlerweile schwach, südöstlich, und der gute Mond besah sich die Idylle von hoch oben. Rechtzeitig vor den Feedern, die in zwei Grüppchen von den Kanalschleusen ausgespuckt aus der Innenförde herauspurteten, und rechtzeitig auch vor dem Marinegeschwader, das sich vom Leuchtturm her näherte, säuselte unsere Bugwelle schon dicht am Falckensteiner Strand entlang aus dem grünen Sektor auf den Friedrichsorter Leuchtturm zu. Ach, sieh mal, da ist ja auch ein U-Boot dabei, man erkennt kaum die funzelige gelbe Blinkleuchte auf dem Turm, selbst auf geringe Entfernung.

Zack! Der Großbaum schwenkt herum, die Genua steht back. Die INSEL verneigt sich sogleich tief bis zum

Leedeck, das eben gerade noch Luvdeck war, die Schoten losgeworfen, Luvruder gelegt, die Lage der aufkommenden Marineschiffe gepeilt – eine aus vollkommen wolkenlosem, friedlichen Abendhimmel eingefallene Bö fast aus der Gegenrichtung, Westen! bringt mich in's Trudeln. Es ist fast dunkel, meine Positionslaternen brennen vorschriftsmäßig, aber gesehen wird man deshalb ja noch lange nicht sicher.

Treiben lassen kann ich das Schiff jetzt und hier mit killenden Segeln auch nicht! Der schwer überholende Jollenkreuzer unter Vollzeug ist akut kentergefährdet. Schon treiben wir an die Fahrwassergrenze heran, ich selbst hänge hoch auf der Kante, und irgendwie bleiben wir doch noch im Spiel. Nach Minuten ist der Leuchtturm zum Greifen nahe, die ersten beiden Marineschiffe haben überholt, da kommt das Schiff abrupt wieder auf ebenen Kiel, schlägt der Großbaum zurück – der Windschatten des Turms, vielleicht ein, zwei Sekunden lang, ich hechte zu den Fallen auf dem Kajütdach und werfe das Genuafall los – bloß runter mit dem großen Lappen!

Sofort ist der Wind wieder da und holt das Vorsegel von selbst herunter, das nun erbarmungswürdig auf Vorschiff und Bugwelle einschlägt, als wäre es wütend auf den hinterhältigen Nachtsturm. Nach vorn kann ich nicht, um es zu bändigen… Mit dem heftig killenden Groß allein, das ich jetzt in der engsten Stelle der Fahrrinne brauche, um nicht in den nunmehr vollbesetzten Dampfertreck zu geraten, gelingt es, bei grenzwertiger Krängung so viel Fahrt zu machen, dass das Schiff einigermaßen dem Ruder gehorcht. An ein Starten des Motors mit den nötigen Vorbereitungen ist nicht zu denken, dicht in Lee schiebt sich das schwach blinkende Warnlicht des U-Boots dunkel vorbei. Der Schwell der entgegenkommenden Feeder klatscht hörbar an dessen Turm...

Eine halbe Stunde hält der Wind mit unverminderter Kraft an, dreht auf Südwest und narrt mich damit weiter, denn ich muss genau dorthin.

Zwischendurch immer wieder hackige Böen wie Nadelstiche, die aus dem Dunkel unangekündigt nach Mast und Segeln greifen. Jetzt und hier, zwischen den Großen und im Dunkeln, nur nicht kentern!

»Zwanzig Jahre, Sack Zement! ging alles gut, nicht jetzt..!«

O.k., ich kann das hier schreiben, also ist wohl auch nichts ernsthaft Böses passiert. Nach dem Kentern hätte ich, dann unsichtbar, gut und gerne überlaufen werden können.

Aus die Maus.

Aber ich war angezählt. Jollenkreuzer und Seefahrt, das schien nicht mehr ganz so zu funktionieren, wie ich es gewohnt war.

Es kam eine Frau, die sich in die INSEL verliebte.

Und es kam ein Mann, der sie schließlich gern kaufte.

Aber ich war glücklich mit ihr. Oder?

Dank

Auch ein kleines Buch erfordert einen Dank.

Ich danke also zunächst allen Größen des Zeitgeschehens, die mit ihren größtenteils ungewollten Beiträgen in der Form mehr oder weniger beobachtenswerten Verhaltens zum Entstehen dieser Geschichten beitrugen. Ohne ihre "Steilvorlagen" wären sie nicht entstanden.

Besonders danke ich diesem ungewöhnlich zähen Schiff!

Und ich danke meinen Freunden Karl-Heinz und Hinrich, die ich einmal halb-anonym belasse: Dem einen für seine unermüdliche Hilfe bei der bootsbaulichen Bewältigung einiger Abenteuer und dem anderen für sein unerschütterliches Vertrauen und damit die eine oder andere Seemeile am Rande der Schwimmfähigkeit.

Und meiner viel zu spät gefundenen Liebe für ihre Geduld

– mit mir und mit den heute deutlich verbesserten seemännischen Verhältnissen, aber davon später vielleicht mehr...